Karl-Ludwig Kley

DEUTSCHLAND BRAUCHT CHEMIE

Warum Wachstum und Wohlstand
nur mit einer starken Chemieindustrie
machbar sind

Deutsche Verlags-Anstalt

MIX
Papier aus verantwortungsvollen Quellen
FSC® C014889

Verlagsgruppe Random House FSC® N001967
Das für dieses Buch verwendete FSC®-zertifizierte Papier *EOS*
liefert Salzer, St. Pölten.

2. Auflage 2014
Herausgegeben vom Verband der Chemischen Industrie e.V. (VCI)

Satz: dtp im Verlag
Gesetzt aus der Garamond
Druck und Bindung: Friedrich Pustet, Regensburg
Printed in Germany
ISBN 978-3-421-04660-4

www.dva.de

INHALT

EINLEITUNG

Helle und effiziente LED-Lampen, leistungsstarke Windräder, hochwertige Medikamente – ohne Chemie wäre unser Leben weit weniger bequem, sauber und sicher. Die industrielle Chemie ist mit ihren Produkten ein Garant für hohe Lebensqualität. Und mehr noch: Sie sorgt bereits seit Jahrzehnten für wirtschaftliches Wachstum, für gute Arbeit und für sozialen Ausgleich in Deutschland.

Das soll auch in Zukunft so bleiben. Die Gestaltung der Zukunft ist nur mit der Chemie und ihrer starken industriellen Basis möglich. Nur mit ihr können wir den Wohlstand in Deutschland bewahren. Nur mit ihr können wir neue Arbeitsplätze in zukunftsfähigen Wirtschaftsbereichen schaffen. Und nur mit der Chemie können auch andere deutsche Kernbranchen wie der Fahrzeug- oder der Maschinenbau auf den Weltmärkten Erfolg haben. Schließlich ist die Chemieindustrie mit allen Gliedern dieser und vieler anderer Wertschöpfungsketten aufs Engste verknüpft.

Die Chemieindustrie ist ein Erfolgsmodell »Made in Germany«. Aber ihre Bedeutung reicht weit über unsere Landesgrenzen hinaus – nicht nur, weil deutsche Unternehmen Produkte und Technologien in alle Welt exportieren oder mit eigenen Produktionsstandorten auf allen Kontinenten vertreten sind, sondern auch weil keine der globalen Herausforderungen des 21. Jahrhunderts ohne die industrielle Chemie zu bewältigen ist. Das gilt für umweltverträgliche Mobilität und alternative Formen der Energiegewinnung ebenso wie für moderne Informationstechnologien oder die Bekämpfung von Krankheiten.

Man sollte annehmen, dass der Chemie dafür in Politik und Gesellschaft Anerkennung gezollt wird. Das ist aber nur zum Teil der Fall. Nicht wenige Menschen stehen der Chemie vielmehr skeptisch gegenüber. Bisweilen nehmen sie Chemie sogar als »unheimlich« oder »gefährlich« wahr. Ihr Verhältnis zur chemischen Industrie ist dabei häufig zwiespältig: Die wirtschaftliche Bedeutung der Branche und die Produkte, die durch die Chemie erst möglich werden – Smartphones, Windräder, Medikamente usw. –, sind ein Beitrag zur Lebensqualität und erfahren in Deutschland durchaus Wertschätzung. Der Produktion und den Produkten der Chemieindustrie aber begegnen viele Menschen mit Misstrauen. Oft beruht diese Ablehnung allerdings nicht auf Fakten, sondern vor allem auf Emotionen. Zu einer differenzierten Betrachtung sind leider viele nicht bereit, und das obwohl sich die alten Chemie-Feindbilder längst überholt haben sollten.

Seveso ist schon lange nicht mehr überall. Sicherheit und Transparenz sind für die Branche von zentraler Bedeutung. Daher plädiere ich mit diesem Buch für eine neue Sicht auf eine traditionsreiche und zugleich zukunftsorientierte Industrie. Ich will die Akzeptanz für die Chemie erhöhen. Vor allem möchte ich eine tragfähige Diskussionsgrundlage schaffen und den öffentlichen und politischen Diskurs über die Rolle der chemischen Industrie in unserer Gesellschaft beleben.

Um dieses Ziel zu erreichen, spanne ich einen Bogen von den Anfängen der Chemie in Deutschland bis hin zur Chemie der Zukunft. Dabei werden viele Fragen erörtert, die für die Chemieindustrie essenziell sind: Zum Beispiel warum die Spaltung in eine »böse« und eine »gute« Chemie falsch ist und warum diese realitätsferne Haltung niemandem hilft. Warum Nano-, Bio- und Gentechnologie mehr Chancen bieten, als allgemein wahrgenommen wird. Warum eine saubere Umwelt und die Chemie untrennbar zusammengehören. Warum ein Leben ohne Risiko nicht möglich ist, und wie die Chemie mit dieser wichtigen Voraussetzung für weiteren Fortschritt umgeht. Oder warum Innovationen der Schlüssel zum Fortschritt sind und die Politik die Voraussetzungen für mehr Forschung und Entwicklung im Lande schaffen muss.

Jedes Kapitel konzentriert sich auf einen Aspekt, der für die Debatte über die chemische Industrie von besonderer Bedeutung ist. Das Buch kann daher chronologisch von Anfang bis Ende oder auch kapitelweise gelesen werden. Für eilige Leser findet sich am Ende eines jeden Kapitels eine Zusammenfassung der wichtigsten Thesen sowie eine Gesamtzusammenfassung am Schluss.

Meine wichtigste These ist: Deutschland braucht die chemische Industrie. Und die chemische Industrie braucht die Akzeptanz und die Unterstützung von Politik und Öffentlichkeit. Nur so kann sie ihre Erfolgsgeschichte fortsetzen.

1 VOM FUNKENFLUG GENIALER IDEEN

Wie Deutschland das Land der Chemie wurde – und bis heute geblieben ist

Eine zündende Idee war seinerzeit, Anfang des 19. Jahrhunderts, bitter nötig, denn Fehlzündungen konnten höchst unangenehm werden. Obwohl die ersten Streichhölzer durchaus funktionierten, entflammten sie doch gelegentlich »von selbst«, allein durch geringe Reibung – und das auch schon einmal in der Hosentasche. Das Problem war der Kopf der Hölzer, der damals neben anderen Bestandteilen auch den eigentlichen Zündstoff enthielt: zunächst weißen, später den geeigneteren roten Phosphor. Die Gefahr einer unabsichtlichen Entzündung wurde billigend in Kauf genommen, zumal es keine andere Lösung gab. Wenn die Menschen zur Arbeit oder aufs Feld gingen, steckten sie sich ein paar Hölzer in die Tasche – und entzündeten sie dann an einem Mauerstein, an einem Stück Holz oder gar an der eigenen Hose.

Der deutsche Chemiker Rudolf Christian Boettger aber gab sich damit nicht zufrieden. Boettger forschte und lehrte damals in Frankfurt und beschäftigte sich vor allem mit galvanischen Verfahren. 1848 schließlich kam ihm ein aus heutiger Sicht scheinbar einfacher Gedanke: Was, wenn der Phosphor nicht mehr Bestandteil der Zündmasse am Hölzchen wäre, sondern Teil einer eigens präparierten Zündfläche? Der Professor hatte das Sicherheitszündholz erfunden – Fehlzündungen waren damit ausgeschlossen.

In der Bevölkerung stieß das neue Zündholz zunächst auf Ablehnung. Denn neben den Streichhölzern auch eine Reibfläche mitzuführen – das erschien vielen Menschen umständlich und unpraktisch. Es war eben schon damals so, dass sich eine neue Erfindung, wie gut sie auch sein mochte, nur schwer mit Argumenten allein durchsetzen ließ. Dass sich die Erfindung letztlich doch verbreitete, Boettger sie aber nicht zu seinem eigenen Nutzen vermarkten konnte, ist eine andere Geschichte – der Begriff »Schwedenhölzer« zeigt, wer damals am meisten von seiner Idee profitierte.

Dem Chemiestandort Deutschland hat das allerdings nicht geschadet. Zu zahlreich und bedeutsam waren die Ideen und Erfindungen der deutschen Chemiker in Wissenschaft und Industrie, zu geschäftstüchtig und rege die Unternehmen, zu fortschrittlich und professionell das Ausbildungssystem. Denn ob Aspirin oder Ammoniaksynthese, ob Kohleverflüssigung, Polymerchemie oder Flüssigkristalle – die chemischen Erfindungen und Entdeckungen aus Deutschland haben in den vergangenen rund 200 Jahren die Welt verändert und bewegen sie noch heute.

Die Wissenschaft und die deutsche Chemieindustrie trugen mit ihren Erfindungen und ihrer Innovationskraft maßgeblich zum wirtschaftlichen Aufstieg Deutschlands bei. Ohne die leistungsstarken Chemieunternehmen wäre die umfassende Industrialisierung des Landes nicht möglich gewesen. Die Unternehmen lieferten Vorprodukte für die im 20. Jahrhundert aufblühende Autoindustrie, für die Stahlverarbeitung, für die Textil- und Modeindustrie ebenso wie für die Pharmaproduktion.

Bereits 28 Mal wurde der Chemie-Nobelpreis seit 1901 an Forscher aus Deutschland verliehen. Wissenschaftler wie

Emil Fischer, Eduard Buchner oder Friedrich Bergius, aber auch der bisher letzte deutsche Chemie-Nobelpreisträger Gerhard Ertl lieferten bahnbrechende Erkenntnisse. Auf diese Weise trugen sie dazu bei, dass Deutschland zu einer der führenden Chemienationen werden konnte und es bis heute geblieben ist.

Ihren Anfang nahm die Erfolgsgeschichte der deutschen Chemie zu Beginn des 19. Jahrhunderts. Im Zuge der Industrialisierung legten Forscher und Erfinder damals die Grundlagen für Verfahren und Produkte, die wir zum großen Teil auch heute noch nutzen. Justus von Liebig war einer dieser Wissenschaftler und sicher einer der bekanntesten und erfolgreichsten Chemiker seiner Zeit. Er begründete Mitte des 19. Jahrhunderts die organische Chemie und die Agrarchemie, entwickelte Mineraldünger, aber auch Fleischextrakt und Backpulver. Nicht zuletzt veränderte er maßgeblich die chemische Analytik und legte damit den Grundstein für die Chemie als exakte Wissenschaft.

Seine Vorlesungen besuchte ab 1836 auch ein junger Jurastudent, August Wilhelm Hofmann. Begeistert von dem, was er hörte, wechselte er kurzerhand zur Chemie – und wurde später selbst Professor in London und Berlin. Und auch Hofmann machte eine bedeutende Entdeckung: 1858 fand er – nahezu zeitgleich mit einem französischen Wissenschaftler – den Farbstoff Fuchsin, Bestandteil des damals in Kokereien in großen Mengen anfallenden Teers. Der Teer war eigentlich ein Abfallprodukt, von da an aber die Basis für die Entwicklung eines dynamischen Wachstumsbereichs – der Teerfarbenindustrie. Bis zum Ersten Weltkrieg produzierte Deutschland bereits bis zu 90 Prozent aller synthetischen Farbstoffe weltweit.

Diese marktbeherrschende Stellung kam nicht von ungefähr. Denn mit den Farben war auch die Welt der Unternehmen bunter und vielfältiger geworden. Im Zuge der Entdeckung von Anilin, Fuchsin und anderen synthetischen Farbstoffen entstanden ab 1863 die ersten großen Chemieunternehmen in Deutschland. In Barmen – heute ein Stadtteil von Wuppertal – gründeten Friedrich Bayer und Johann Friedrich Weskott ein gemeinsames Unternehmen: die späteren Bayer-Werke, die zunächst Fuchsin und Anilin herstellten. Im gleichen Jahr entstand in der Nähe von Frankfurt am Main die »Theerfarbenfabrik Meister, Lucius & Co.« – später als Hoechst AG lange Zeit eines der größten Chemie- und Pharmaunternehmen Deutschlands. Der legendäre Ruf unseres Landes als »Apotheke der Welt« festigte sich insbesondere durch den engen Schulterschluss zwischen Wissenschaft und Industrie. Es waren Wissenschaftler wie Paul Ehrlich, Robert Koch, Emil Fischer oder Emil von Behring, die mit ihren Entdeckungen die Welt veränderten und die deutsche Chemieindustrie beflügelten.

1865 rief Friedrich Engelhorn in Mannheim-Jungbusch bei Ludwigshafen die Badische Anilin- und Soda-Fabrik ins Leben – heute als BASF das größte Chemieunternehmen der Welt. Zu dieser global führenden Stellung trug vor allem ein Verfahren bei, das BASF 1910 zum Patent einreichte und das zwei Chemiker entwickelt hatten: Fritz Haber und Carl Bosch, später beide mit dem Nobelpreis ausgezeichnet. Der Chemiker Fritz Haber beschäftigte sich mit der Herstellung von Ammoniak, einem Grundstoff zur Herstellung von Mineraldüngern. Schließlich gelang ihm der Durchbruch: die Ammoniaksynthese aus Stickstoff und Wasserstoff. Auf dieser Grundlage entwickelte Carl Bosch gemeinsam mit

Haber das Haber-Bosch-Verfahren. Damit ließ sich Ammoniak erstmals in großtechnischem Maßstab herstellen – ein Meilenstein nicht nur für die deutsche Chemieindustrie, sondern vor allem auch für die Landwirtschaft weltweit. Ohne diese bahnbrechende Erfindung könnte die Weltbevölkerung heute gar nicht ernährt werden.

Dass die Ammoniaksynthese außerdem eine der Grundlagen zur Herstellung von Sprengstoff war, veränderte die Chemieindustrie mit dem Ausbruch des Ersten Weltkriegs allerdings grundlegend: Nicht mehr die Produktion von Düngemitteln und Farben, sondern die von Sprengstoff und anderen Kampfstoffen stand plötzlich im Mittelpunkt. So leitete Carl Bosch in Leuna den Aufbau einer Anlage zur Ammoniaksynthese, mit der Salpetersäure hergestellt wurde – essenziell für die Herstellung von Sprengstoffen. Und auch Fritz Haber beteiligte sich: Nur wenige Wochen nach Kriegsbeginn experimentierte er mit Phosgen und Chlorgas. Da Deutschland diese Gase in großen Mengen im Krieg einsetzte, waren die Forschungen des Chemikers bald umstritten.

Der Wissenschaftler Hermann Staudinger beispielsweise lehnte die Entwicklung und den Einsatz chemischer Waffen im Krieg strikt ab. Der Professor der Chemie, der ab 1926 in Freiburg lehrte, konzentrierte sich auf andere Forschungsgebiete. Er begründete die makromolekulare Chemie und legte damit die Grundlage für die Polymerchemie – und damit für die moderne Kunststoffindustrie, wie wir sie heute kennen. Bereits 1922 definierte er den Begriff »Makromolekül«. Und nicht nur das: Mit seinen Forschungen zeigte er der Welt die Struktur solcher Makromoleküle.

Nur wenige Jahre später entwickelten Franz Fischer und Hans Tropsch in Mülheim an der Ruhr ein Verfahren, mit dem sich – auf der Basis der Kohlevergasung – Kohle verflüssigen ließ. Das Ergebnis der sogenannten Fischer-Tropsch-Synthese waren synthetische Kohlenwasserstoffe, die unter anderem als Motorkraftstoff genutzt werden konnten. Besonders während des Zweiten Weltkriegs spielte das Verfahren eine immer wichtigere Rolle, da Deutschland über große Kohlevorkommen verfügte und so die Abhängigkeit vom Erdöl aus dem Ausland verringern konnte. Die Nationalsozialisten nutzten im Zweiten Weltkrieg daher die Möglichkeit, den enormen Treibstoffbedarf der deutschen Armee aus eigenen Energievorkommen zu decken.

Diese Zeit war für die chemische Industrie ein dunkles Kapitel. Ihre Errungenschaften wurden – wie die fast aller anderen Industriezweige auch – für Gräueltaten missbraucht. Unter der Überschrift »Deutsche Chemie« versuchten die Nationalsozialisten, die an sich unpolitische Wissenschaft der Moleküle in den Dienst ihrer menschenverachtenden Ideologie zu stellen. Bedauerlicherweise ließen sich nicht wenige Forscher und Unternehmen vor den Karren der Machthaber spannen. Die Lektion dieser Zeit muss uns für immer Mahnung sein: Wissenschaft und Technik können zum Wohl oder zum Fluch der Menschheit werden – dieser Verantwortung müssen sich die Entscheider in Politik, Wirtschaft und Wissenschaft sowie wir alle uns immer wieder stellen.

In der Nachkriegszeit waren es dann die Kunststoffe, die ihren Siegeszug um den Globus antraten. Gerade die Erkenntnisse von Hermann Staudinger zur Polymerchemie trugen zu dieser Erfolgsgeschichte maßgeblich bei, für die er 1953 mit dem Nobelpreis geehrt wurde. Kunststoffe eröffneten neue Möglichkeiten der Gestaltung, waren deutlich preisgünstiger als vergleichbare Materialien und zudem leicht und stabil – ihre Nutzungsmöglichkeiten waren also schier unbegrenzt. Das 20. Jahrhundert wurde folglich das Jahrhundert der Kunststoffe: Während im Jahr 1949 weltweit erst etwa eine Million Tonnen Kunststoffe hergestellt wurden, waren es im Jahr 2010 bereits rund 265 Millionen Tonnen, davon knapp 19 Millionen Tonnen in Deutschland. Und ob Zahnbürste, Mobiltelefon oder Turnschuh, ob Verpackungsmaterial, Rohrleitung, Isolierung oder unverzichtbarer Bestandteil moderner Fahrzeuge – Kunststoffe sind heute aus unserem Alltag und der industriellen Anwendung nicht mehr wegzudenken.

Kehrseite der Medaille war die wachsende Belastung der Umwelt durch den zunehmenden Ressourcenverbrauch und die entstehenden Kunststoffabfälle. Dieses Problem wurde und wird auf unterschiedlichen Ebenen adressiert – etwa durch die Senkung des Ressourcenverbrauchs bei der Produktion oder die Einführung von Recyclingsystemen. Inzwischen werden viele Kunststoffe, zum Beispiel Verpackungen, getrennt und der Wiederverwendung in alternativen Produkten zugeführt. Und sobald die Produkte das Ende ihres Lebenszyklus erreicht haben, tragen sie durch ihren hohen Energiegehalt zur Wärme- und Stromgewinnung bei, indem sie in modernen Heizkraftwerken nahezu rückstandsfrei verbrannt werden.

Aber nicht nur die Kunststoffe, sondern noch viele andere Produkte mehr haben die Welt maßgeblich verändert. Beispielsweise die Flüssigkristalle, die in Flachbildfernsehgeräten und Displays von Mobiltelefonen zum Einsatz kommen. Neu ist auch diese interessante Stoffgruppe nicht, denn ihre Geschichte begann bereits vor 125 Jahren. Damals entdeckte der österreichische Botaniker Friedrich

Reinitzer das eigenartige Phänomen der flüssigkristallinen Phase, das der deutsche Physiker Otto Lehmann später als »flüssige Krystalle« genauer beschrieb.

Aber Lehmann konnte sich mit seinen Erkenntnissen zunächst nicht in der Wissenschaft durchsetzen. Er wandte sich daher an die Chemiker von Merck und bat um Unterstützung. Und Merck konnte helfen: Bereits 1904 bot das Unternehmen hochreine Substanzen an, die flüssigkristalline Eigenschaften besaßen – die Wissenschaft musste Lehmann nachträglich recht geben.

Da jedoch die technischen Anwendungsmöglichkeiten fehlten, versanken die »flüssigen Kristalle« ab den 1930er Jahren in einen langen Dornröschenschlaf. Angeregt von Impulsen aus den USA nahm Merck erst Ende der 1960er Jahre die Forschungen wieder auf. Mit den ersten Displays aus Flüssigkristallen folgte der endgültige Durchbruch der Technologie, und Merck stieg zum Weltmarktführer für Flüssigkristalle auf. Ein Fernsehgerät, das man an die Wand hängen kann – dank der Chemieindustrie ist das keine Zukunftsvision mehr, sondern längst Wirklichkeit geworden.

Mit Innovationen wie diesen hat es Deutschland an die Weltspitze geschafft. Innovationskraft und jahrzehntelange Erfahrung sind die Gründe, weshalb unser Land bei der weltweiten Produktion von chemischen und pharmazeutischen Erzeugnissen nach wie vor eine herausragende Stellung einnimmt. Mit einem Umsatz von 188 Milliarden Euro belegte Deutschland 2013 mit Abstand Rang eins der europäischen Chemieproduzenten und exportierte sogar mehr als jedes andere Land der Welt. In Deutschland selbst ist die Chemie – hinter Automobilindustrie und Maschinenbau – die drittstärkste Branche. Man kann also mit Fug und

Recht sagen: Deutschland ist ein Chemieland par excellence. Vor allem die »Chemieintensität« unseres Landes ist beeindruckend. Statistisch gesehen erreicht Deutschland mit nur einem Prozent der Weltbevölkerung einen Anteil von acht Prozent an der weltweiten Chemie-Bruttowertschöpfung. Anders ausgedrückt: Deutschland verfügt über die höchste Pro-Kopf-Chemieproduktion der Welt und mehr als 400 000 Arbeitsplätze in der chemischen Industrie, besonders konzentriert in den »Chemieregionen« Rhein-Main-Gebiet, Rheinland und Mitteldeutschland. Die deutsche Chemieindustrie bietet sichere Arbeitsplätze und ausgezeichnete Ausbildungsmöglichkeiten. Und die Mitarbeiter wissen das zu schätzen; sie identifizieren sich überdurchschnittlich stark mit »ihrem« Unternehmen – oft sind mehrere Generationen einer Familie im selben Unternehmen tätig.

Dabei sind es nicht nur die Konzerne, die zu diesen bemerkenswerten Ergebnissen beitragen. Gerade der Mittelstand gehört zu den großen Stärken der deutschen Chemieindustrie: Über 90 Prozent aller Unternehmen zählen zu den kleinen und mittleren Unternehmen. Sie stellen mehr als ein Drittel der Arbeitsplätze zur Verfügung. Und sie sind ein Beleg für die Vielfalt und die Leistungsfähigkeit der deutschen chemischen Industrie.

Das gilt auch für die zahlreichen Chemieparks in Deutschland. Investoren treffen hier auf leistungsstarke Strukturen, optimal zugeschnittene Bedingungen und ein vielfältiges Dienstleistungsangebot, denn die Betreiber wissen genau, worauf es den Unternehmen ankommt.

Es wäre schön, wenn man dies auch von den politischen Entscheidungsträgern sagen könnte. Dass die Industrie der wichtigste Taktgeber für Wohlstand und Wachstum sei, wird in Politikerreden zwar gerne hervorgehoben, die Taten sprechen aber nach wie vor eine andere Sprache. Dies zeigt sich etwa am Beispiel der Infrastruktur: Lange Zeit die Lebensader der Republik, ist sie heute vielfach sanierungsbedürftig oder nicht mehr ausreichend dimensioniert. Hier besteht dringender Handlungsbedarf, damit Waren, Güter und Daten auch in Zukunft schnell und sicher ans Ziel kommen. Die Industrie ist auf eine leistungsstarke Infrastruktur angewiesen, um weltweit wettbewerbsfähig bleiben zu können.

Solche und andere Rahmenbedingungen sind wichtig für den Standort Deutschland. Denn nur so kann die Industrie ihren Beitrag dazu leisten, die globalen Herausforderungen der Zukunft zu lösen. Und diese Herausforderungen sind gewaltig – ob es um die Versorgung mit Energie, die globale Mobilität, die Gesundheit oder um die Ernährung einer weiter wachsenden Weltbevölkerung geht. Gerade die Chemie trägt zur Lösung dieser und weiterer Fragen maßgeblich bei. Sie liefert Hightech-Materialien für Windkraftanlagen, Hochleistungskunststoffe für den Leichtbau von modernen Automobilen, Pflanzenschutzmittel, um Ernten vor Krankheiten und Schädlingen zu bewahren, und nicht zuletzt auch Medikamente zum Erhalt oder zur Wiederherstellung unserer Gesundheit. So viel ist sicher: Ohne Chemie geht es nicht. Weder heute noch morgen.

Wie wichtig eine leistungsstarke Industrie insgesamt ist, hat die weltweite Wirtschafts- und Finanzkrise von 2008 wieder einmal gezeigt. Es war die Industrie, die sich in dieser Zeit als entscheidender Stabilisierungsfaktor erwies. Anders gesagt: Ohne seine starke industrielle Basis und den hohen Anteil industrieller Wertschöpfung wäre Deutschland sehr viel schlechter durch die Krise gekommen. Die Industrie ist und bleibt daher das wichtigste Fundament unserer Wirtschaft; ein Fundament, das vor über 150 Jahren gelegt wurde. Und die Chemie ist ein zentraler Teil dieser Basis, auf die Deutschland seither immer bauen konnte.

Damit das auch in Zukunft so bleibt, ist es unabdingbar, dass auf bundes-, landes- und kommunalpolitischer Ebene die notwendigen Rahmenbedingungen geschaffen werden: eine verlässliche und moderne Infrastruktur, der Abbau von Bürokratie, eine planvolle, in allen Teilen durchdachte Umsetzung der Energiewende, keine unnötigen Mehrbelastungen. Um im internationalen Wettbewerb weiter bestehen zu können, brauchen wir mutige, an Fakten orientierte Entscheidungen und keinen Stillstand. Nehmen wir den Pioniergeist der Gründerjahre und die Leistungen, die die deutschen Chemieunternehmen auch heute jeden Tag erbringen, als Vorbilder – und arbeiten wir entschlossen an der Zukunft einer starken Chemie. Es lohnt sich für alle.

Kurz gesagt:
Seit Beginn des 19. Jahrhunderts ist Deutschland für die industrielle Chemie ein wichtiger Standort. Und die chemische Industrie ihrerseits spielt für Deutschland eine wichtige Rolle. Große Forscher, Erfinder und Unternehmer haben dafür gesorgt, dass zahlreiche chemische Innovationen der Moderne ihren Ursprung in deutschen Fabriken haben. Nicht zuletzt deshalb gelang Deutschland der Aufstieg zu einer weltweit führenden Industrienation. Eine Stellung, die wir dank der chemischen Industrie auch heute noch halten.

II DIE MACHT DER MOLEKÜLE

Weshalb die Chemie unser Leben bestimmt

In der Anfangszeit des Internets gab es eine sehr populäre Website, die Menschen in aller Welt über eine chemische Gefahr informierte: Dihydrogenmonoxid, kurz DMHO. In dramatischen Worten warnte eine »Koalition zum Verbot von DMHO« der Universität von Kalifornien vor der schädlichen, oft tödlichen Wirkung dieser chemischen Verbindung. Die Liste der Gefahren ist in der Tat lang: Die farb-, geschmack- und geruchlose Chemikalie trägt zur Bodenerosion bei, begünstigt den Treibhauseffekt und beschleunigt die Korrosion von Metallen. Das Einatmen selbst kleiner Mengen ist tödlich, im gasförmigen Zustand verursacht der Stoff sogar bei bloßer Berührung schwere Verbrennungen. Besonders schlimm: Dihydrogenmonoxid kann in vielen Lebensmitteln nachgewiesen werden, sogar in Babynahrung!

Bei Presse und Öffentlichkeit erregte die Warnung schnell Aufmerksamkeit. Zu Beginn erkannten allerdings nur wenige, was sie da eigentlich vor sich hatten: einen wissenschaftlichen Scherz! Forscher aus Santa Cruz hatten die Website ins Leben gerufen, um die zum Teil haarsträubende Skandalisierung einzelner chemischer Wirkstoffe zu parodieren, wie sie zu dieser Zeit von einigen amerikanischen Medien betrieben wurde. Der besondere Witz dieser Aktion: Nichts davon war erfunden. Der beschriebene Stoff existiert, und er hat tatsächlich all diese verheerenden Eigenschaften. Das Einzige, was die Forscher geändert hatten, war der

Name: Dihydrogenmonoxid ist nichts anderes als Wasser, ganz gewöhnliches Wasser.

Man hatte lediglich eine unübliche Bezeichnung gewählt, die chemisch jedoch vollkommen korrekt ist: Di-Hydrogenium-Mono-Oxid steht für eine Zwei-Wasserstoff-ein-Sauerstoff-Verbindung und ist damit nur eine komplizierte Umschreibung der wohl bekanntesten chemischen Formel der Welt: H_2O. Der Witz fand immer größere Verbreitung, und bald wurde auf der gesamten Welt vor DMHO gewarnt – immerhin sind noch heute mehr als 70 Prozent der Erdoberfläche damit kontaminiert.

Die Moral der Geschichte aber bleibt: Auch alltägliche Dinge haben einen chemischen Hintergrund, der zu irrationalen Ängsten führen kann. Denn natürlich hat Wasser all diese verheerenden Eigenschaften – aber niemand würde auf die Idee kommen, aus diesem Grund darauf verzichten zu wollen. Stattdessen haben wir uns mit den »Gefahren« arrangiert, nicht zuletzt, weil wir um den Nutzen und den naturwissenschaftlichen Hintergrund wissen.

Dieses Hintergrundwissen hilft uns, die Welt besser zu verstehen und zu gestalten. Das gilt insbesondere dort, wo chemische Hintergründe nicht vermutet werden, etwa in der Natur des menschlichen Empfindens. Die Angst vor Dihydrogenmonoxid etwa kann nicht nur psychologisch, sondern auch chemisch erklärt werden, nämlich durch ein bestimmtes Zusammenspiel von Molekülen und Rezeptoren im Gehirn. Selbst so komplexe emotionale Erfahrungen wie Glück, Traurigkeit oder eben Angst und Sorge sind zu einem großen Teil von der Arbeit chemischer Botenstoffe abhängig.

In der praktischen Umsetzung eröffnet die Erkenntnis solcher Zusammenhänge dann ganz neue Möglichkeiten.

Seit man zum Beispiel bei psychischen Krankheiten wie Depressionen auch die biochemischen Prozesse im Gehirn berücksichtigt, verlieren diese Leiden zunehmend an Schrecken und Stigma. Pharmazeutische Substanzen wie Antidepressiva können betroffenen Patienten dabei helfen, mit ihrer Krankheit besser zurechtzukommen oder die Symptome im Alltag sogar vollständig zu überwinden. Auch sonst scheint die Chemie für so manchen Glücksmoment zumindest mitverantwortlich zu sein. Fragt man Menschen, die bereits viele Jahre eine glückliche Beziehung führen, hört man als Erklärung jedenfalls häufig: »Weil die Chemie stimmt.«

Und auch das ist nur auf den ersten Blick eine Metapher. Tatsächlich besteht auch das Liebesempfinden zu großen Teilen aus biochemischen Prozessen. Bei akuter Verliebtheit verändern verschiedene Botenstoffe unseren Stoffwechsel, sodass wir ganz anders denken, fühlen und handeln. Die Euphorie der Begegnung entsteht durch Dopamin, das unsere Synapsen elektrisiert. Die Aufregung im Gespräch wird durch Adrenalin befeuert, das die Herzfrequenz erhöht und den Blutdruck steigen lässt. Endorphine schließlich sorgen für überwältigende Glücksgefühle und ein tiefes Wohlbefinden, das einem Drogenrausch nicht unähnlich ist. Nicht umsonst werden Endorphine als körpereigene Opioide bezeichnet: Drogen »aus eigener Herstellung« und in dieser Form ganz ohne schädliche Nebenwirkungen.

Natürlich lassen sich so komplexe Phänomene wie eine Depression oder der Liebesrausch mit naturwissenschaftlichen Theorien allein nicht erschöpfend erklären. Auch in der biochemischen Forschung ist hier das letzte Wort noch nicht gesprochen. Aber beide Beispiele zeigen, wie grundlegend Chemie das Leben bestimmt und wie viel besser der Mensch seine eigene Existenz versteht, wenn er die Welt durch die Brille der Naturwissenschaften betrachtet. Liebe, Leib und Leben – Chemie ist überall, weil alles chemischen Prozessen unterworfen ist. Sie ist die Grundlage aller Existenz.

Um diese Existenz möglich zu machen, schöpft Mutter Natur aus einem Baukasten von 94 chemischen Elementen. Weitere 24 Elemente hat der Mensch hinzugefügt. Mit Neugier, Forscherwillen, Kreativität, Mut, Intelligenz und Erfindungsreichtum schaffen Chemiker aus diesen 118 Elementen Produkte und Lösungen, die das Leben bequemer, spannender, sauberer und sicherer machen. Chemie ist deshalb Natur, Wissenschaft und Industrie zugleich.

Und doch wird der Chemie häufig etwas Künstliches unterstellt, »ohne Chemie« gilt vielen dann als Gütesiegel. Backwaren, Putzmittel oder Fertiggerichte werden als »qualitativ höherwertig« beworben, wenn sie »ohne Chemie« hergestellt sind. In der Werbesprache gehört dieser Zusatz mittlerweile zum Standardrepertoire. Für den naturwissenschaftlich weniger interessierten Konsumenten klingt das vertrauenswürdig, tatsächlich handelt es sich aber um ein inhaltsloses Totschlagargument, das den Kunden an der Nase herumführt. Denn die chemische Natur aller Dinge wird dabei einfach ignoriert. Stattdessen wird ein Bild von Natürlichkeit vertreten, das keiner kritischen Prüfung standhalten kann. Chemie und Natur werden als Gegensätze dargestellt, wobei »chemisch« hier nichts anderes meint als »künstlich« – und gemäß dieser Anschauung per se als »schlecht« gilt.

Solche Anwandlungen sind keine Erfindung des 21. Jahrhunderts. Die Ablehnung des Künstlichen oder auch des

Industriellen gibt es seit dem Zeitalter der Romantik. Damals sah man in den Fließbandprodukten und den Schloten der ersten Fabriken im Vergleich zum Natürlichen eine Gefahr – nicht aber die Chance auf flächendeckenden Wohlstand und steigende Lebensqualität. Wie stark diese »romantische« Tradition bis heute – insbesondere in Deutschland – nachwirkt, zeigt beispielhaft die lange Geschichte des Glaubenskriegs zwischen »guter« Butter und »böser« Margarine. Er hat seinen Ursprung in ebenjener Zeit der ersten industriellen Fertigungsanlagen und wurde viele Jahrzehnte auf deutschen Ladentheken ausgefochten.

Margarine wurde ursprünglich als Ersatz für Butter erfunden, als während der industriellen Revolution die Nahrungsmittel knapp wurden. Ein französischer Chemiker mischte damals Milch, Wasser und Fett und schuf auf diese Weise ein günstiges Streichfett, das als »Kunstbutter« den Engpass ausgleichen konnte. In den folgenden Jahren verbesserte man das Rezept und ging in die industrielle Produktion. Margarine lag nun als kostengünstige Butteralternative im Regal – und riss einen weltanschaulichen Graben durch das kulinarische Deutschland.

Auf der einen Seite die Butter-Barone mit ihrer Landwirtschaft, auf der anderen Seite die Margarine-Manager und ihre Produktionshallen. Was folgte, war eine große PR-Schlacht um die Markthoheit. Die Strategen bedienten sich dazu bei den aktuellen Gesundheitstrends. Es wurde wahlweise vor »billiger Waffenschmiere« (Margarine) oder »tödlichen Cholesterinbomben« (Butter) gewarnt. Der Butter-Seite kamen dabei die Ressentiments der »tüchtigen Hausfrau« zugute, die lieber auf das prestigeträchtige Produkt aus Kuhmilch setzte. Und das, obwohl die übermäßige Nachfrage unweigerlich die Preise in die Höhe trieb. Schon 1959 kritisierte ein Journalist der Wochenzeitung »Die Zeit« diese überkommenen Vorurteile, die den Butterpreis mittlerweile auf vier Mark pro Pfund hochgetrieben hatten – etwa zwei Euro nach heutigen Verhältnissen und damit auf dem Niveau hochpreisiger Gourmetbutter. Zum Prestigedruck kamen Vorurteile gegen Produkte aus industrieller Fertigung hinzu. Margarine war gewissermaßen ein »Designerprodukt«, das ganz bewusst erfunden worden war, noch dazu von einem Chemiker.

Viele differenzierende Studien und einige fortschrittliche Jahrzehnte später ist der Streit um das tägliche Streichfett weitgehend beigelegt. Der Unterschied ist nur noch eine Frage der persönlichen Präferenz. Trotzdem hält sich hartnäckig das Vorurteil, Produkte »mit Chemie« seien schlechter als solche »ohne« – ob bei Lebensmitteln, Spielzeug, Kleidung oder anderen Konsumgütern. Wovor sich die Verbraucher aber eigentlich fürchten, sind schädliche Zusatzstoffe, die ihre Gesundheit und ihr Wohlbefinden beeinträchtigen könnten. Und in der Tat: Einer solchen Bedrohung möchte sich freiwillig natürlich niemand aussetzen, selbst wenn man berücksichtigt, dass unser Leben niemals völlig risikofrei sein kann. Das Etikett »ohne Chemie« allerdings ist in diesem Zusammenhang denkbar ungeeignet. Denn ohne Chemie geht es nicht. Schon gar nicht in unserem ganz normalen Alltag, der ja selbst ein einziges »Chemielabor« ist. Chemische Produkte leisten in unserem Leben zum Teil Erstaunliches, fördern die Gesundheit und das allgemeine Wohlbefinden. Vier Beispiele aus den Bereichen Medizin, Landwirtschaft, Bautechnik und Haushalt sollen dies verdeutlichen.

Bei medizinischen Untersuchungen kann ein Blutbild, das durch laborchemische Analyse erstellt wurde, die Diagnose des Arztes sehr viel verlässlicher machen. Die anschließende Therapie der Krankheit durch pharmazeutische Produkte ist ohne chemische Kenntnisse ebenfalls kaum denkbar. Selbst etwas so Banales wie ein Pfefferminztee bei Bauchschmerzen ist im Grunde eine chemische Behandlung. Die ätherischen Öle der Minze wirken krampflösend und anregend auf den Gallenfluss, die enthaltenen Flavonoide haben antimikrobielle und antivirale Eigenschaften. Dies natürlich alles in bescheidenen Maßen, aber dennoch nach chemischen Gesetzmäßigkeiten.

Etwas ganz Ähnliches gibt es in der traditionellen Landwirtschaft. Im Komposthaufen zersetzen Bakterien und Pilze das organische Material und legen auf diese Weise Mineralstoffe frei, wie etwa Nitrate, Ammoniumsalze, Phosphate oder Kalium- und Magnesiumverbindungen. Diese wiederum ergänzen als Dünger das Nährstoffangebot des Bodens, um die Ernte sicherzustellen. Pflanzenschutzmittel sind da nur die nächste logische Stufe. Fungizide zum Beispiel schützen Pflanzen vor Pilzbefall. Hat man dafür in der Frühzeit noch Schwefel, Asche, Kalk oder sogar Urin verwendet, werden heute beispielsweise Wirkstoffe des Zapfenrüblings eingesetzt, sogenannte Strobilurine: in chemisch synthetisierter Form und damit äußerst wirksam.

Auch die moderne Bautechnik wäre ohne Chemie nicht möglich. Stahl muss legiert, Beton gemischt, und Dachziegel müssen gebrannt werden. All das sind chemische Prozesse, ohne die eine Weiterverarbeitung der Baumaterialien nicht möglich wäre. Die chemische Industrie unterstützt den Bau zudem mit künstlichen Baustoffen. Hartschaumplatten aus

Styropor (genauer: Polystyrol) zum Beispiel schützen vor Wärme und Kälte. Selbst Naturdämmstoffe wie Holzfaserplatten sind auf chemische Reaktionen angewiesen: Man erhitzt Nadelholzfasern, damit sich die enthaltenen Ligninmoleküle aneinander binden. Bitumenhaltige Zusatzstoffe sorgen dann für die Wasserfestigkeit. Und wenn das Haus steht, machen es Putz, Kleister, Farbe, Lack und andere chemische Hilfsmittel bewohnbar.

Der Haushalt schließlich ist eine wahre Fundgrube für chemische Reaktionen. Allein die tägliche Morgenroutine aus Körperpflege und Frühstück ist eine Abfolge von chemischen Prozessen. So sind Körperpflegemittel wie Seife nichts anderes als Natrium- oder Kaliumsalze von Fettsäuren. Als Detergenzien verringern sie die Grenzflächenspannung von Schmutzpartikeln und Reinigungsflüssigkeit, sodass Schmutz mit gewöhnlichem Wasser rückstandsfrei abgewaschen werden kann.

Auch das Brot zum Frühstück wäre ohne Chemie nur ein Haufen Mehl. Bei kaum einem Lebensmittel spielen chemische Reaktionen eine so zentrale Rolle. Direkt nach dem Mischen der Zutaten sorgen die Getreideproteine Gliadin und Glutenin zunächst dafür, dass der Teig zusammenhält und elastisch wird. Damit das Brot luftig wird, setzt man dem Teig Hefe und/oder Milchsäurebakterien als Triebmittel zu. Während der rohe Brotfladen ruht, erzeugen die Mikroben als Gärprodukt Kohlendioxid, das die Bläschen im Teig verursacht. Dabei bilden sie reichlich Abbauprodukte, die für das typische Aroma des Brotes verantwortlich sind. In der Hitze des Ofens reagieren dann Enzyme und andere Brotbestandteile, und der klebrige Teig wird zu einer festen, aber immer noch elastischen Brotkrume. So kompliziert dieser Vorgang auch klingt: Backen gehört vermutlich zu den ältesten chemischen Arbeiten des Menschen.

Die Tasse Kaffee zum Brot erfordert ebenfalls eine Reihe chemischer Prozesse: Beim Rösten der Bohnen entstehen durch Karamellisierung und Kondensation Substanzen, die zusammen mit nicht weniger als 40 chemischen Verbindungen dem Kaffee sein besonderes Aroma verleihen. Es gibt mittlerweile Kaffee-Sommeliers, die nicht nur über diese Aromen, sondern auch über Kaffeesorten, Anbau- und Produktionsverfahren, Röstung und Zubereitung et cetera bestens Bescheid wissen. So wird beispielsweise empfohlen, Kaffee bei exakt 91 Grad Celsius aufzugießen, weil sich die Aromen nur dann optimal entfalten.

Überhaupt ist die Küche ein regelrechtes Chemielabor. Es werden Stoffe extrahiert, vermischt und zum Reagieren gebracht. Auf die Spitze getrieben wird dies seit einigen Jahren in der sogenannten Molekularküche. Dort arbeiten die Köche mit laboranalytischer Präzision und nutzen bei ihren Gerichten das gesammelte Wissen der chemischen Forschung. So werden Hilfsmittel verwendet, die auch in chemischen Laboren zum Einsatz kommen: temperaturkontrollierte Wasserbäder, Geräte zum Vakuumgaren, Rotationsverdampfer, Trockeneis, flüssiger Stickstoff, Homogenisatoren, Zentrifugen oder Lyophillen zur Gefriertrocknung. Sterneköche auf der ganzen Welt entwickeln auf diese Weise Rezepte, die den Gast auf immer neue Weise überraschen: Melonenkaviar, heißes Eis oder Bonbons aus Olivenöl.

Diese Beispiele aus Medizin, Landwirtschaft, Bautechnik und dem Haushalt zeigen, wie sehr die Chemie den Alltag gestaltet. Kein Wunder, schon der Mensch als solcher ist »pure Chemie«. Jede Zelle im menschlichen Körper ist eine perfekte biochemische Fabrik. Selbst die DNA ist nichts anderes als eine Chemikalie: Desoxyribonukleinsäure, ein Biomolekül als Träger des individuellen Erbguts. In diesem Molekül sind alle Informationen gespeichert, die aus einem »Haufen« chemischer Elemente einen hochkomplexen Organismus entstehen lassen. 63 Prozent Wasserstoff, 25 Prozent Sauerstoff, 9,5 Prozent Kohlenstoff, 1,4 Prozent Stickstoff, 0,3 Prozent Kalzium und noch viele andere Elemente in zum Teil winzigen Mengen machen einen Menschen!

Zu solchen Einsichten kommt freilich nur, wer die Welt durch die Brille der Naturwissenschaften betrachtet. Auch im Fall von Dihydrogenmonoxid wäre das hilfreich gewesen. Die Angelegenheit artete nämlich so weit aus, dass es sogar politische Initiativen gab, die den Stoff gesetzlich verbieten lassen wollten. 2004 stellte ein Mitglied des Gemeinderats im kalifornischen Orange County den Antrag, bei öffentlichen Veranstaltungen den Einsatz von Schaumstoffverpackungen zu untersagen – der zuständige Stadtrat hatte gelesen, dass bei der Herstellung solcher Verpackungen DMHO zum Einsatz komme. Das entsprach natürlich der Wahrheit – nur leider schützte es den Politiker nicht vor dem Spott der aufgeklärten Öffentlichkeit.

Die angeführten Beispiele und auch die Kampagne zu Dihydrogenmonoxid zeigen, wie sehr unsere Welt – und alles Leben in ihr – von der Chemie bestimmt wird. Deshalb ist es auch falsch, diese als etwas Unnatürliches wahrzunehmen. Im Gegenteil, die Chemie gehört auf eine ganz grundlegende Art zu unserem Leben: Chemiker erforschen die Natur der Dinge, Chemieingenieure greifen zur Problemlösung auf diese Forschung zurück – und die gefundenen Antworten werden in industriellen Anlagen zu alltagstauglichen Produkten verarbeitet, die unser Leben schöner, sicherer, angenehmer und bunter machen. So entstehen am Ende Arzneien, Farben, Reinigungsmittel, Baustoffe oder LCD-Fernseher. In diesem Sinne ist die chemische Industrie eine Form in industriellem Maßstab ausgeübtem Handwerk. Ihre Werkstoffe sind zwar nur unter dem Mikroskop zu erkennen – aber das beschränkt ihre Einsatzmöglichkeiten kaum.

Kurz gesagt:
Chemie wird heute oftmals als »künstlich« und daher minderwertig oder gar schlecht verurteilt. Die Realität zeigt aber ein ganz anderes Bild. Denn die Chemie ist ein allgegenwärtiger Teil des täglichen Lebens. Sie ist überall, weil alles Leben chemischen Prozessen unterworfen ist. Auch der Mensch ist zu 100 Prozent Chemie.

III ES GIBT NUR EINE CHEMIE

Weshalb eine Spaltung in »gut« und »böse« absurd ist

Ein besonders schönes chemisches Experiment ist der sogenannte »Baum der Diana«. Hierbei reagiert Quecksilber mit einer Silbernitratlösung und bildet kleine baumartige Verästelungen. Diese sehen aus, als seien sie organisch gewachsen. In einem der ersten enzyklopädischen Lexika wurde das Resultat dieses Experiments wegen seiner Ähnlichkeit mit einer Pflanze als »eine der sehens- und untersuchungswürdigsten Erscheinungen der Chymie« beschrieben. Isaac Newton verleitete diese Ähnlichkeit sogar zu der Annahme, dass es auch im Reich der Mineralien Leben geben müsse. Heute wissen wir, dass diese Annahme falsch war. Die Faszination dieser Reaktion bleibt trotzdem ungebrochen. Es ist beeindruckend, wie organisch das eigentlich anorganische Silber bei diesem Prozess wirkt. Ähnliches kann man auch in der Kristallographie beobachten, zum Beispiel bei Eisblumen an einer Fensterscheibe. Das Fachwort dafür ist »dendritisch« – griechisch für »baumartig«.

Und genauso baumartig können wir uns auch die chemische Industrie vorstellen, mit mächtigen Wurzelsträngen und unzähligen Verästelungen. Im Wurzelraum befinden sich einerseits die organische Rohstoffbasis aus der belebten Natur (wie Erdöl, Erdgas, Kohle und Biomasse) und andererseits die anorganischen Rohstoffe (wie Indium, Lithium oder verschiedene Edelmetalle), die nicht auf Kohlenstoff basieren und zumeist als Oxide oder Sulfide in der Natur vorzufinden sind. Der Stamm des Chemiebaumes besteht aus rund 30 Grundchemikalien, die aus diesen Rohstoffen hergestellt werden. Eine Stufe weiter – an der Verzweigung zu den Ästen – entstehen Hunderte Zwischenprodukte, darunter auch bekannte Verbindungen wie Methanol, Formaldehyd, Acrylsäure oder Harnstoff. Aus den Grundchemikalien werden letztendlich nahezu 30 000 verschiedene Zwischen- und Endprodukte hergestellt: Farben, Lösungsmittel, Klebstoffe, Fasern, Waschmittel, Kosmetika, Pharmazeutika oder Polymere. Sie bilden gewissermaßen die Früchte des Baumes und symbolisieren auch die Früchte der chemischen Arbeit – Produkte, die unser Leben einfacher und besser machen.

Bei aller Vielfalt bleibt es jedoch ein einziger Baum, eine einzige Industrie, die sich mit dem Aufbau, den Eigenschaften und der Umwandlung von Stoffen beschäftigt. Chemie bleibt auch in ihrer industriellen Form immer eine Arbeit mit Atomen, Molekülen und Ionen, bei der jeder einzelne Produktionsstrang aus einigen wenigen »Rohstoff-Wurzeln« entspringt.

An diesen Baum wird zurzeit aber ein Beil angelegt, mit dem bestimmte Wurzelstränge heraus- oder einzelne Äste abgetrennt werden sollen. In die öffentliche Debatte schleicht sich eine künstliche Trennung der chemischen Industrie in »gut« und »schlecht«. Diese Spaltung ist nicht nur falsch, sie ist auch destruktiv. So wird in einschlägiger Literatur etwa die gesamte erdölbasierte Petrochemie als »dunkles Erbe« behandelt, das zugunsten einer zukunftsorientierten »solaren Chemie« mit nachwachsenden Rohstoffen und »sanften« Synthesen überwunden werden müsse. Produkte, die bisher in klassischen Verfahren auf petrochemischer Basis hergestellt werden (zum Beispiel Ethanol, also Alkohol), sollen in der solaren Chemie auf der Grundlage von Biomasse entstehen, die auf die Sonne angewiesen ist. Ziel dieser Entwicklung soll es sein, die Rohstoffbasis der Chemie komplett auf neuen Grund zu stellen.

Angesichts der drohenden Verknappung fossiler Ressourcen erscheint dieser Gedanke geradezu verführerisch. Und tatsächlich steigern erhebliche Forschungsanstrengungen und Investitionen den nachhaltigen Einsatz nachwachsender Rohstoffe kontinuierlich.

Heute werden in der chemischen Industrie allein in Deutschland jährlich bereits mehr als 2,5 Millionen Tonnen solcher Rohstoffe eingesetzt. Bis zum Jahr 2030 wird diese Menge auf über vier Millionen Tonnen steigen. Durch die Mitarbeit der Chemie bei der Entwicklung von Bioraffineriekonzepten ergeben sich in der Tat auch zahlreiche neue Möglichkeiten, in diesen Anlagen chemisch verwertbare Zwischenprodukte zu erzeugen. Biobasierte Kunststoffe sind ein Beispiel für eine Produktgruppe, die zumindest teilweise aus nachwachsenden Rohstoffen hergestellt wird. Sie findet unter anderem als Verpackungsmaterial oder in wiederverwertbaren PET-Flaschen Verwendung.

Keine Frage also, dass nachwachsende Rohstoffe im Trend liegen. Doch würde man die Petrochemie völlig aufgeben, hätte die übrige Industrie (und damit die Gesellschaft) ein Ressourcenproblem. So, wie ein Baum wesentlich weniger Früchte liefert, wenn man ihm Teile des Wurzelwerks nimmt. Hinsichtlich der Verfügbarkeit und der Einsatzmöglichkeiten sind den nachwachsenden Rohstoffen jedenfalls deutliche Grenzen gesetzt. Und das wird sich in absehbarer Zeit auch nicht ändern.

Viele nachwachsende Rohstoffe stehen zum Beispiel in einer Nutzungskonkurrenz – nicht nur zu Lebens- und Futtermitteln, sondern auch zu ihrer Verwendung für die Herstellung von Biotreibstoffen und zur regenerativen Energieerzeugung. Hinzu kommen bei intensiver Bewirtschaftung in vielen Ländern Umweltschäden wie etwa Gewässerverschmutzung, Artenverlust oder die Degradierung von Böden. Das sind Herausforderungen, die auch uns in Deutschland angehen. Gerade die hiesige Industrie ist in puncto Biomasse auf Importe angewiesen, bei denen nachhaltiges Wirtschaften nicht immer garantiert werden kann. All diese Faktoren lassen sich zwar kalkulieren und auch abschwächen – sie zeigen aber deutlich, dass nachwachsende Rohstoffe nicht zwangsläufig die allein seligmachende Antwort auf alle Ressourcenfragen der Zukunft sein können. Erdöl und Erdgas bleiben auf absehbare Zeit unverzichtbare Rohstoffe.

Nicht zuletzt setzen auch technische Machbarkeit und Wirtschaftlichkeit dem Einsatz der alternativen Rohstoffe Grenzen. Beispielsweise lassen sich Haarwaschmittel und -farben durchaus auf pflanzlicher Basis herstellen – bei Flüssigkristallen oder organischen LEDs allerdings ist das derzeit noch nicht möglich. Erst müsste es uns gelingen, auch Basischemikalien aus nachwachsenden Rohstoffen herzustellen. Das wäre wünschenswert, denn angesichts der Endlichkeit fossiler Rohstoffe wie Öl oder Kohle ist die Erforschung von regenerativen Alternativen wichtig und zukunftsorientiert. Aber der bloße Wunsch darf nicht Vater des Gedankens werden, man könne einfach über Nacht auf fossile Ressourcen verzichten. So als sei es lediglich eine Frage des guten Willens.

Sinnvoll ist es vielmehr, die gesamte Bandbreite an Möglichkeiten bei der Rohstoffgewinnung auszuschöpfen – und dazu gehören die nachwachsenden Rohstoffe genauso wie die fossilen Ressourcen. Ganz entscheidend ist: In beiden Bereichen dürfen wir uns bei der Entwicklung neuer Technologien und Produkte nicht durch Denkverbote und Selbstzensur blockieren. Stattdessen müssen wir offene Debatten führen, damit wichtige Innovationen nicht mit ideologischen Argumenten von vornherein ausgeschlossen werden.

Dies gilt auch für die aktuelle Diskussion über die Förderung von heimischem Schiefergas. Zwar handelt es sich dabei nicht um einen Rohstoff im engeren Sinne, aber doch um den »Rohstoff Energie«. Es geht um lebenswichtige Grundlagen der Chemieindustrie. Natürlich müssen die Risiken des sogenannten Fracking als Fördermethode geklärt werden. Allerdings darf man dabei auch die Vorteile dieser neuen Technologie nicht außer Acht lassen. An Chemiestandorten ist Erdgas mit großem Abstand der wichtigste Energieträger zur Erzeugung von Wärme und Strom durch Kraft-Wärme-Kopplung. Die Förderung konventioneller Gasvorkommen kann demnach einen sinnvollen Beitrag zur Absicherung der Rohstoff- und Energieversorgung leisten – und damit nicht zuletzt auch zu wettbewerbsfähigen Gaspreisen. Hier muss eine ergebnisoffene Diskussion stattfinden, in der Nutzen und Risiken nach vernünftiger Maßgabe gegeneinander abgewogen werden. Die Industrie benötigt das ganze Spektrum der Rohstoff- und Energiebasis, um alle Möglichkeiten der Effizienzsteigerung nutzen, den Verbrauch dauerhaft senken und das Risiko von Stromausfällen minimieren zu können. Die Versorgungssicherheit muss auch in Zukunft gegeben sein.

Um wirklich nachhaltig mit unseren Ressourcen umzugehen, brauchen wir aber auch weiterhin eine innovative Industrie mit geschlossenen Wertschöpfungsketten. Wer diese Ketten auseinanderreißt, schadet der Nachhaltigkeit. Denn die betrifft eben nicht ausschließlich die Ökologie, sondern auch den sozialen Bereich und die Ökonomie. Wird dieser Versuch der Spaltung in eine »gute« und eine »böse« Chemie weiterbetrieben, hätte dies auf Dauer für alle drei Bereiche fatale Folgen.

Erstens für die Ökologie: Wenn im Zusammenhang mit Nachhaltigkeit von Ökologie die Rede ist, steht meist der Einsatz regenerativer Energien im Vordergrund. Würde man die Petrochemie jedoch aus vordergründig ökologischen Gründen zurückdrängen, ginge das paradoxerweise gerade zulasten ebenjener Maßnahmen, die gewünscht sind. Solarpanele und Windkraftanlagen fallen nämlich nicht vom Himmel. Die einzelnen Elemente solcher Technologien müssen erfunden, entwickelt und hergestellt werden – und das geschieht unter anderem in den großen Chemiefabriken und in den Chemieunternehmen des deutschen Mittelstands, die dabei alle auf das gesamte Rohstoffarsenal angewiesen sind. Ohne Prozesse und Produkte aus der Chemieindustrie ginge kein einziges Solarpanel und kein einziges Windrad ans Netz. Diese Verschränkung fossiler Rohstoffe und regenerativer Energien zeigt ganz besonders, wie umfassend man sich die chemische Industrie denken muss. Und wie wenig sinnvoll eine Spaltung in »grün« und »braun« oder gar »gut« und »böse« ist.

Zweitens im sozialen Bereich: Eine solche Spaltung hätte insbesondere auch für die soziale Marktwirtschaft und unser Gemeinwesen äußerst negative Konsequenzen. Dass unsere

Industrie sich nämlich in einer weltweiten Jahrhundertkrise überhaupt ernsthaft Gedanken über eine Energiewende und nachhaltiges Wirtschaften machen kann, liegt vor allem daran, dass sie immer unabhängig und stark geblieben ist. Die Industriepolitik zur Jahrtausendwende hat dafür gesorgt, dass Deutschland dem Trend zur Dienstleistungsgesellschaft nicht blindlings hinterhergelaufen ist. Statt wie in anderen Ländern das industrielle Tafelsilber als »Altmetall« zu entsorgen, hat sich die Bundesregierung damals klar hinter die Industrie gestellt. Und wenn wir uns zurzeit über wachsende Steuereinnahmen, Exporte und steigende Arbeitsplatzzahlen freuen, sollten wir genau hinsehen. Sie werden ganz wesentlich von genau jenen chemischen Großanlagen bereitgestellt, an die manche gerne die Axt anlegen würden. Dort werden Steuern gezahlt, Exportwaren produziert und Arbeitsplätze gesichert. Mit einem moralischen Bann solcher Anlagen würden wir diese bewährten und eingespielten Wertschöpfungsketten zerschlagen. Das ginge zulasten der Unternehmen, zulasten der Arbeitnehmer und damit zulasten der gesamten Volkswirtschaft.

Drittens in der Wirtschaft und den Unternehmen selbst: Eine Spaltung würde letztlich auch die hohe Effizienz und Wirtschaftlichkeit der Industrie zunichtemachen, insbesondere die der chemischen Industrie. Denn die vielen Produktionsanlagen sind in sogenannten Verbundsystemen organisiert (siehe dazu Kapitel VI). Wenn beispielsweise bei einer chemischen Reaktion neben einem gewünschten Produkt weitere Stoffe oder Abwärme entstehen, können diese in anderen Produktionsverfahren weiterverwendet werden. Würde man die Petrochemie aufgeben, fehlten in solchen Systemen wichtige Elemente, der Verbund würde auseinanderbrechen.

Die Verbundsysteme der chemischen Industrie müssen unbedingt intakt bleiben. Sie sind der Schlüssel zu umfassender Ressourceneffizienz und auch der Grund, weshalb sich die chemische Rohstoffbilanz in den vergangenen Jahrzehnten so markant verbessert hat. An den Verbundsystemen zeigt sich am deutlichsten, wie stark die einzelnen Teile verknüpft sein müssen, um immer effizienter zu werden. Eine Spaltung würde das gesamte System der gegenseitigen Nutzbarkeit und Vernetzung zerstören, auf dem der ökonomische und ökologische Erfolg der deutschen Chemieindustrie beruht. Denn insgesamt gesehen ist die chemische Industrie bei ihrer Ressourceneffizienz auf einem guten Weg. Während die Produktion seit 1990 um 60 Prozent gestiegen ist, hat die Chemie ihren Energieeinsatz um ein Fünftel gesenkt. Das alles bei einem Wasserverbrauch, der trotz steigender Produktion in den vergangenen 15 Jahren stabil geblieben ist. Der spezifische Wasserverbrauch, also die eingesetzte Wassermenge pro Produkteinheit, ist zwischen 1996 und 2009 damit um knapp ein Fünftel gesunken. Überhaupt werden 80 Prozent des Wassers nur zum Kühlen eingesetzt. Lediglich 20 Prozent fließen in Prozesse, bei denen sie als Reaktionsmedium, Löse- oder Reinigungsmittel dienen. Und diese Abwässer werden sorgfältig aufbereitet und gereinigt, bevor sie in die Flüsse geleitet werden. Die heutige Wasserqualität des Rheins ist ein beredtes Beispiel für diese Entwicklung.

Ein weiteres Beispiel verdeutlicht die Effizienzsteigerung. 1964 brauchte man für die Herstellung einer Tonne Polypropylen noch 1185 Kilogramm Rohstoffe. Bis 1988 wurde dieser Wert auf 1023 Kilogramm reduziert. Heute ist mit 1005 Kilogramm Rohstoff für 1000 Kilogramm Polypropylen die physikalisch-chemische Effizienzgrenze fast erreicht – und das bei einem der wichtigsten und umsatzstärksten Kunststoffe der Welt. Dass Polypropylen vollständig aus Erdöl hergestellt wird, passt hier ins Bild: denn gerade die zunehmende Verwendung von Erdöl in der chemischen Industrie war eine der wichtigsten Effizienzmaßnahmen des letzten Jahrhunderts. Als man die Rohstoffbasis von Kohle auf Erdöl umgestellt hatte, ließen sich die wichtigen Kohlenstoffverbindungen, aus denen viele Tausend Produkte der Chemie für die moderne Gesellschaft bestehen, auf einmal sehr viel ressourceneffizienter herstellen. Derzeit nutzt die Chemiebranche lediglich ein Sechstel des importierten Erdöls. Die restlichen 75 Millionen Tonnen hingegen werden als Treibstoffe verbrannt oder verheizt.

Das ständige Bemühen um mehr Effizienz ist in Zeiten von Globalisierung und drohender Ressourcenverknappung ein Zeichen gesellschaftlicher Verantwortung, aber auch ein Ausdruck durch und durch wirtschaftlichen Handelns. Oder, mit den Worten George Bernard Shaws, »die Kunst, aus dem Leben so viel wie möglich herauszuholen«. Die chemische Industrie setzt auf Forschung, optimale Nutzung durch Verbundsysteme, Recycling, Materialeffizienz, Erneuerbarkeit und Langlebigkeit. Das alles ist aber nur möglich, wenn alle Teile ineinandergreifen können.

Die einseitige Überbetonung einzelner Aspekte ist deshalb immer kontraproduktiv. Ein derartiges Ungleichgewicht kann ganz erhebliche Folgen haben. Das, was derzeit auf dem Solarmarkt passiert, ist ein lehrreiches Beispiel. Durch die beträchtlichen staatlichen Kaufanreize für Photovoltaikanlagen wurde in den vergangenen Jahren eine hohe Nachfrage geschaffen, die von der Solarbranche selbstverständlich auch bedient wurde. Eine solche Anschubfinanzierung zum Marktstart neuer Technologien kann durchaus sinnvoll sein. Zu einer Subventionierung auf Dauer darf es aber nicht kommen, vor allem nicht dann, wenn sich die Bedingungen am Markt spürbar verändern.

Der rechtzeitige Ausstieg aus der Nachfragesubvention jedenfalls wurde verpasst, sodass der Endkonsument auch noch mindestens die nächsten 20 Jahre hohe Belastungen tragen muss. Selbst konventionelle Energieerzeugung ist deshalb mittlerweile so unrentabel, dass sie ihrerseits subventioniert werden müsste. Eine wirklich absurde Situation. Hätte man hier frühzeitig auf die regelnde Kraft des Marktes vertraut – die Situation wäre heute gewiss eine andere.

Hinzu kommt, dass die deutschen Unternehmen – obwohl technologisch über lange Zeit führend – von der zuletzt steigenden weltweiten Nachfrage nach Solarmodulen nicht profitieren konnten. Die Dauersubventionierung der Anlagen in Deutschland hatte die hiesigen Unternehmen zu lange in vermeintlicher Sicherheit gewiegt, sodass sie zu wenig für die eigene Wettbewerbsfähigkeit taten. Aber der Weltmarkt hat sich massiv verändert. Insbesondere durch den Aufbau von zusätzlichen Kapazitäten in anderen Ländern und durch den stark steigenden globalen Wettbewerb gerieten die deutschen Solarunternehmen erheblich unter Druck. Zwar ist die Nachfrage in Deutschland (vor allem aufgrund der anhaltenden Subventionierung für neue Anlagen) heute immer noch hoch – die deutsche Solarbranche liegt aber danieder. Es ist dieser Zukunftsbranche nur zu wünschen, dass sie wieder aus dieser Talsohle herauskommt.

Das Beispiel zeigt deutlich: Statt ideologische Schneisen durch den Wald der Industrie zu schlagen und einzelne Bereiche auf Dauer unverhältnismäßig stark zu fördern, müssen wir gangbare Wege finden und dabei insbesondere die Wettbewerbsfähigkeit der Unternehmen stets im Blick behalten. Nur durch ständige Weiterentwicklung, nicht aber durch die radikale Abkehr von bisherigen Produktionsmustern, können Ressourcenverbrauch und Risiko gesenkt und Ressourceneffizienz und Innovationskraft gesteigert werden. Diese Weiterentwicklung kann aber nur gelingen, wenn alle industriellen Kräfte zusammenwirken. Das gilt für die Industrie ganz allgemein und für die chemische Industrie im Speziellen.

Es wäre fatal, sich beispielsweise nur auf nachwachsende Rohstoffe oder regenerative Energieträger zu versteifen und die öffentliche Debatte mit der Illusion zu vernebeln, eine chemische Wende »zum Grünen« hinge allein vom guten Willen der Verantwortlichen ab. Es würden Erwartungen geschürt, die weder Umwelt noch Technik noch Gesellschaft erfüllen könnten.

Kurz gesagt:
Trotz ihrer Erfolge sieht sich die chemische Industrie heftiger Kritik an ihrer Rohstoffbasis ausgesetzt. Einige Kritiker fordern, petrochemische völlig zugunsten nachwachsender Rohstoffe aufzugeben. Eine solche Spaltung der Chemie in »gut« und »böse« widerspricht allerdings der Natur der Chemie und auch den Geboten der Wirtschaftlichkeit. Sie ist willkürlich. Denn was zusammengehört, soll man nicht mutwillig auseinanderreißen.

IV WOHLSTAND IST MEHR ALS GELD

Warum Lebensqualität und Chemie zusammengehören

»*Alles, was von den Menschen getan und gemacht wird, gilt der Befriedigung gefühlter Bedürfnisse sowie der Stillung von Schmerzen.*« – Das sagte kein Theologe, kein Künstler oder Unternehmensberater. Es war der vielleicht bedeutendste Wissenschaftler des vergangenen Jahrhunderts: Albert Einstein.

Einstein weist mit seinen Worten auf den höheren Zweck allen menschlichen Handelns hin: Der Mensch handelt, damit es ihm besser geht als vorher. In welchem Maße diese Handlungen von Erfolg gekrönt sind, wird heutzutage etwas unscharf mit dem Begriff »Wohlstand« bezeichnet: Das subjektive Wohlergehen in dem Bewusstsein, dass den eigenen Bedürfnissen ausreichend Rechnung getragen wird.

Was diese Bedürfnisse nun im Einzelnen sind, unterscheidet sich von Mensch zu Mensch. In der Volkswirtschaft hat man verschiedene Faktoren identifiziert, die zusammen den Wohlstand des Menschen beeinflussen:

- politische: Frieden, Freiheit und Sicherheit
- wirtschaftliche: Wachstum, Produktivität und Fortschritt
- ökologische: Ruhe, Naturerlebnisse und eine unbelastete Umwelt
- gesellschaftliche: Bildung, Kultur, Freizeit und sozialer Zusammenhalt

Das etwas abgegriffene Sprichwort »Geld allein macht nicht glücklich« wird durch diesen volkswirtschaftlichen Wohlstandsbegriff neu belebt: Selbstverständlich brauchen wir Geld, aber eben nur als Zahlungsmittel zum Zweck der Bedürfnisbefriedigung.

Hier hat jede Erwerbstätigkeit ihren Ursprung, als Handel von Arbeitskraft gegen Geld, um sich Nahrung, Wohnung und Muße leisten zu können. Diese Grundidee der Marktwirtschaft gilt für den selbstständigen Handwerker genauso wie für einen multinationalen Konzern. Beide machen ein Angebot, das den Bedürfnissen anderer Menschen entspricht, und beide erhalten dafür etwas, womit den eigenen Bedürfnissen entsprochen werden kann. Bei Unternehmen findet dieses Prinzip sogar zweimal Anwendung: Einerseits sorgt das Unternehmen dafür, dass die eigenen wirtschaftlichen Notwendigkeiten gedeckt sind, andererseits trägt es durch Gehaltszahlungen auch dafür Sorge, dass die Arbeitnehmer ihren persönlichen Wohlstand erhalten oder steigern können. Und obwohl mit zunehmender Größe der wirtschaftlichen Unternehmung die Komplexität in der Ausführung steigt, bleibt das Prinzip gleich.

Das gilt auch in Zeiten der Globalisierung. Hier weitet sich allerdings das Feld. Die weltweit vernetzte Industrie sorgt beispielsweise dafür, dass Unternehmen in Deutschland den Wohlstand nicht nur am eigenen Standort, sondern auch in anderen Ländern garantieren. Die industrielle Globalisierung ist in der Tat ein regelrechtes Armutsbekämpfungsprogramm. Der Anteil der Menschen, die mit einer Kaufkraft von weniger als 1,25 US-Dollar täglich auskommen müssen, hat sich seit Anfang der 1990er Jahre halbiert. Heute leben etwa 700 Millionen Menschen weniger in extremer

Armut als 1990. Im Kampf gegen den Hunger auf der Welt wurden erhebliche Fortschritte erzielt, vor allem dann, wenn sich Entwicklungsländer für den Weltmarkt geöffnet haben. Überall, wo das geschehen ist, erhöhte sich der Lebensstandard in den vergangenen zwei Jahrzehnten im Schnitt um fast 50 Prozent – andernorts waren es nur 22 Prozent. Auch bei uns in Deutschland führt das Wachstum dieser neuen Märkte zu größerem Wohlstand: durch bessere Erwerbsmöglichkeiten, größere Konsumvielfalt und höhere wirtschaftliche Stabilität. Seit Anfang der 1990er Jahre sind im Zuge dieser Entwicklung mehr als drei Millionen Arbeitsplätze entstanden.

Mit dem zunehmenden Wachstum der Weltbevölkerung droht dieses »Projekt« des globalen Wohlstands allerdings zu kippen. 2030 werden rund 1,3 Milliarden Menschen mehr auf der Erde leben als heute. Das heißt, immer mehr Menschen wollen ihre Bedürfnisse erfüllt wissen, und das zunehmend auf dem Niveau des Lebensstandards der führenden Industrieländer. Angesichts der natürlichen Begrenztheit von fossilen Rohstoffen bedroht diese Entwicklung besonders die wirtschaftlichen und ökologischen Wohlstandsfaktoren. Aus diesem Grund setzt man bei wirtschaftstheoretischen Überlegungen seit geraumer Zeit auf das Konzept der Nachhaltigkeit. Wohlstand soll damit nicht nur heute, sondern auch für die kommenden Generationen sichergestellt werden. Eine grundlegende Tugend der Nachhaltigkeit ist dementsprechend die Effizienz: die Fähigkeit, mit immer weniger immer mehr zu erreichen.

Hier kommt die Chemie ins Spiel. Sie ist eine wichtige Schlüsselwissenschaft für alle wichtigen Entwicklungen der Zukunft, die sogenannten Megatrends. Das sind all jene langfristigen und übergreifenden Transformationsprozesse, die erheblichen und bleibenden Einfluss auf die Märkte und Lebenswirklichkeiten der Zukunft haben. Man konzentriert sich dabei auf alle Entwicklungen, die über einen Zeitraum von Jahrzehnten beobachtbar sind und die mit hoher Wahrscheinlichkeit noch über mindestens 15 Jahre in die Zukunft projiziert werden können. Megatrends sind also tiefgreifende, mehrdimensionale Umwälzungen auf politischer, sozialer und wirtschaftlicher Ebene, die für alle Weltregionen und für alle Akteure relevant sind – für Regierungen, für Unternehmen und auch für die einzelnen Menschen.

Die fünf wichtigsten Megatrends sind aus Sicht der Chemieindustrie:

- *Ernährung und Landwirtschaft:* Immer mehr Menschen müssen auf der Basis immer knapper werdender Anbauflächen versorgt werden.
- *Gesundheit:* Alterung, Umwelteinflüsse und Bevölkerungswachstum erfordern immer mehr medizinische Vor- und Fürsorge.
- *Mobilität:* Immer mehr Menschen erreichen ein bestimmtes Wohlstandsniveau und wünschen sich damit zunehmend mehr individuelle Mobilität.
- *Urbanisierung:* Zum ersten Mal in der Menschheitsgeschichte leben heute mehr Menschen in der Stadt als auf dem Land – und dieser Trend nimmt weiter zu.
- *Energie und Umwelt:* Alle vorgenannten Entwicklungen müssen umweltverträglich, energie- und ressourcenschonend gestaltet werden.

Die wachsende Weltbevölkerung ist ein wesentliches Hintergrundszenario für jedes dieser Themen. Sie verleiht den Fragestellungen der Megatrends ihren im Wortsinne existenziellen Charakter. Ganz besonders deutlich wird das am Beispiel der Ernährungsfrage. Weltweit leiden heute knapp eine Milliarde Menschen an den Folgen des Hungers, trotz der erwähnten Fortschritte. Und in einigen Regionen, die nach jetzigem Wissensstand vom Klimawandel besonders betroffen sein könnten, wird sich das Problem sogar weiter verschärfen.

Der steigenden Nachfrage steht eine weltweit begrenzte Ackerfläche gegenüber. Zwar könnte man hier auf Verzicht setzen und die Menschen in allen Ländern zur Mäßigung aufrufen – etwa was den Verzehr von Fleisch betrifft. Schließlich werden große Teile der weltweiten Anbauflächen zur Mast von Schlachtvieh genutzt. Es ist allerdings illusorisch, zu glauben, dass sich über Vorschriften, Regelungen oder Abkommen in absehbarer Zeit eine nachhaltige Lösung finden lassen wird, jedenfalls nicht weltweit. Man wird also auch in Zukunft auf eine Steigerung der Erträge setzen müssen. Das heißt, es muss pro Hektar Ackerfläche mehr erwirtschaftet werden. Und das ist eben nur dann möglich, wenn die Vorzüge der modernen Chemie auch in der Landwirtschaft zum Einsatz kommen.

Pflanzenschutzmittel helfen etwa dabei, Ernteverluste durch Krankheiten, Schädlinge und Unkraut zu verhindern. Und diese Verluste sind immens. Experten gehen davon aus, dass die Gesamtverluste durch Schadorganismen auf den Anbauflächen und in den Lagern für die wichtigsten Getreidesorten und Agrarprodukte wie Reis, Weizen, Kartoffeln oder Sojabohnen weltweit bei rund 50 Prozent liegen.

Durch den Einsatz von Düngemitteln wiederum können die Erträge gesichert und erhöht werden. Da die von den Pflanzen benötigten Nährstoffe und Spurenelemente in der Regel nicht in ausreichender Menge im Boden vorhanden sind, können bedarfsgerechte Düngergaben die Ernteerträge deutlich steigern und die Qualität der Erzeugnisse verbessern. Erst so wird das Ertragspotenzial der Kulturpflanzen voll ausgeschöpft. Die deutsche Chemieindustrie ist in diesem Bereich übrigens weltweit führend, gerade was die Entwicklung innovativer Produkte angeht.

Die einzige Ausnahme stellt die in Deutschland viel gescholtene Biotechnologie dar, besonders die »grüne Gentechnik«. Obwohl mit ihrer Hilfe bereits neue widerstandsfähige Pflanzensorten gezüchtet wurden, die zum Teil sogar mit deutlich weniger Wasser auskommen, bleibt die öffentliche Haltung gegenüber dieser Technologie überwiegend ablehnend. Angesichts der zunehmenden Trockenheit, mit der schon heute ganze Landstriche auf der Erde zu kämpfen haben, ist das schwer verständlich. Denn ohne gentechnisch veränderte Pflanzen wird es schwieriger werden, die damit verbundenen Probleme zu lösen. Auch hier hilft Aufklärung, wie sie bereits in Kapitel II beschrieben wurde. Es sollte klargemacht werden, dass auch die mit »klassischen« landwirtschaftlichen Methoden gewonnenen Neuzüchtungen, beispielsweise von Äpfeln oder Mohrrüben, bereits einen menschlichen Eingriff in die pflanzliche Genetik darstellen – ohne dass die Qualität des Apfels, der Mohrrübe oder gar die Gesundheit des Menschen darunter leidet.

Aber ganz gleich, auf welchem Weg die neuen Pflanzensorten erzeugt werden: Wer insgesamt eine stärker biobasierte Wirtschaft will, wird dafür große Mengen Biomasse in hoher Qualität benötigen. Die Frage, wie die Landwirtschaft diese Mengen bei gleichbleibender oder sogar schrumpfender Ackerfläche nachhaltig erzeugen kann, ist daher entscheidend – und ohne den Einsatz moderner Pflanzenbiotechnologie nicht schlüssig zu beantworten. Weltweit bauen deshalb immer mehr Landwirte immer mehr gentechnisch veränderte Pflanzen an. Die mit diesen Pflanzen bestellte Anbaufläche ist allein 2012 weltweit um 10,3 Millionen Hektar oder rund sechs Prozent auf 170,3 Millionen Hektar gestiegen.

Ein Produkt dieser Art ist der erste trockentolerante Mais, den BASF zusammen mit dem amerikanischen Biotechnologieunternehmen Monsanto entwickelt hat. Er steht derzeit in den USA kurz vor der Marktzulassung, während er in Europa und Deutschland verboten bleibt. Dabei haben umfangreiche Versuche bereits gezeigt, dass dieser Mais sichere Erträge liefert – und zwar auch bei Wasserknappheit. Der Verzicht auf eine solche Innovation ist eine bedenkliche Entwicklung. Das ressourcenarme Deutschland koppelt sich damit auf diesem Gebiet vom Fortschritt ab.

Die in Deutschland viel diskutierten Gefahren oder »Nebenwirkungen« solcher Produkte sind dabei in aller Regel gut beherrschbar, denn jede gentechnisch veränderte Pflanzensorte wird nach dem neuesten Stand von Wissenschaft und Technik untersucht. Im Vergleich zu konventionellen Sorten sind gentechnisch veränderte Pflanzen weit besser geprüft. Nach Meinung internationaler Bewertungsgremien wie etwa der Ernährungs- und Landwirtschaftsorganisation sowie der Weltgesundheitsorganisation der Vereinten Nationen (FAO, WHO) erreichen sie ein Sicherheitsniveau, das mindestens so hoch ist wie im herkömmlichen Landbau.

Weniger kontrovers diskutiert, aber ebenso wirksam für die Verbesserung der Lebenssituation vieler Menschen, ist das Thema Wasseraufbereitung. Spezielle Chemikalien – wie zum Beispiel Ionenaustauscher-Harze – können dabei helfen, unerwünschte Stoffe aus dem Wasser zu entfernen. So werden Schadstoffe wie Schwermetalle oder Salze durch den Einsatz von Chemikalien in eine Form überführt, in der sie mechanisch abgetrennt werden können, etwa durch Filter oder Siebe. Bislang nicht oder nur eingeschränkt nutzbare Wasservorkommen können so als Trinkwasser, in der Landwirtschaft oder auch in der Industrie verwendet werden. Auf diesem Gebiet wurden in den zurückliegenden Jahren erhebliche Fortschritte erzielt, dank der Chemie. Sie hat mit dafür gesorgt, dass ein Millenniumsziel der Vereinten Nationen erreicht werden konnte: Der Anteil der Menschen, die keinen Zugang zu sauberem Trinkwasser haben, hat sich seit 1990 halbiert.

Das Beispiel der Trinkwasseraufbereitung zeigt, welche Schlüsselfunktion die Chemie für den Schutz der Gesundheit hat, den zweiten großen Megatrend unserer Zeit. Für Forschung und Entwicklung in diesem Bereich haben die deutschen Chemie- und Pharmaunternehmen allein im Jahr 2012 5,3 Milliarden Euro ausgegeben. Durch die weltweite demografische Entwicklung nimmt außerdem der Bedarf an wirksamen Medikamenten und Therapien immer mehr zu. Auch die typischen Zivilisationskrankheiten sind längst kein rein westliches Phänomen mehr. In China etwa werden heute schon mehr Diabetesmedikamente benötigt als in jedem anderen Land.

Und die Entwicklung geht weiter. Mediziner, Pharmakologen und Chemiker forschen permanent an neuen Verfahren und Medikamenten, die noch besser wirken und noch weniger Nebenwirkungen aufweisen sollen. Durch diese intensive Forschung hat es gerade bei der Behandlung von Krebs, aber auch bei HIV-Erkrankungen in den vergangenen Jahren erhebliche Fortschritte gegeben. Mittlerweile kommen bei der Behandlung von HIV-Infektionen rund 20 Medikamente zum Einsatz, die verhindern, dass sich das HI-Virus weiter im Körper vermehrt und ausbreiten kann. Durch eine gezielte und frühzeitige Therapie kann die Erkrankung damit heute oftmals nahezu zum Stillstand gebracht werden. Die Lebensqualität der Betroffenen erhöht sich deutlich. Ähnliches gilt für die Krebstherapie. Mit dem Medikament Erbitux stellt zum Beispiel Merck einen Antikörper zur Behandlung von Tumoren her, der derzeit für bestimmte Stadien des metastasierenden Darmkrebses sowie von Kopf- und Halstumoren zugelassen ist. Der Wirkstoff hemmt die Entwicklung von Krebszellen und verhindert ihre Ausbreitung in andere Körperregionen.

Auch mit Blick auf Tropenkrankheiten hat die Chemie- und Pharmaindustrie in den vergangenen Jahrzehnten große Fortschritte bei der Entwicklung von Medikamenten und damit der Vorbeugung und Behandlung von Krankheiten erzielt. Für die vielleicht bekannteste Tropenkrankheit Malaria liegt zwar noch immer kein Impfstoff vor, die Prophylaxe mit bewährten Medikamenten ist aber möglich und verringert das Risiko einer schweren Erkrankung. Ähnliches gilt für die zweitwichtigste Tropenkrankheit, Schistosomiasis, bei uns besser bekannt als Bilharziose. Und auch für die Behandlung von infizierten Patienten steht mittlerweile eine ganze Reihe von Wirkstoffen zur Verfügung, die einen tödlichen Verlauf der Erkrankung verhindern können. Eine andere Tropenkrankheit mit einer besonders hohen Todesrate, die berüchtigte »schwarze Krankheit«, Leishmaniose, ist mittlerweile ebenfalls heilbar.

Heute stellt die Chemie- und Pharmaindustrie Impfstoffe gegen mehr als 25 Krankheiten zur Verfügung. Masern und Kinderlähmung beispielsweise konnten durch den konsequenten Einsatz entsprechender Vakzine in den meisten Ländern der Welt deutlich eingedämmt werden. Die früher so verheerenden Pocken sind sogar ausgerottet. Bei allem gilt: Die positiven Wirkungen der pharmazeutischen Produkte, die Chancen, die mit ihrer Produktion und Entwicklung einhergehen, überwiegen bei Weitem die Risiken, die von Kritikern vielfach angeführt werden. Das gilt nicht nur für die medizinische Frage nach der Balance von Wirkungen und Nebenwirkungen.

Auch das häufig zu hörende Kosten- und Verteilungsargument trifft in Wahrheit nicht zu. Weder treibt die Pharmaindustrie die Kosten für Medikamente in den entwickelten Teilen der Welt in die Höhe, noch begünstigt sie die Unterversorgung einzelner Weltgegenden mit bestimmten Medikamenten. Tatsache ist vielmehr, dass sich die weltweit führenden Pharmaunternehmen immer stärker in den sogenannten Entwicklungsländern engagieren. Sie entwickeln mehr Produkte gegen Krankheiten, die insbesondere die Menschen in diesen Ländern betreffen. Außerdem arbeiten die Unternehmen bei der Entwicklung immer enger zusammen. Nicht zuletzt haben viele Pharmaunternehmen bereits ein gestaffeltes Preissystem eingeführt, um den Preis für Medikamente für bestimmte Länder zu reduzieren. Richtig ist allerdings auch: Pharmazeutische Forschung ist langwierig und teuer. Von der Idee bis zur Zulassung eines einzigen

Medikaments sind für die Pharmaunternehmen Investitionen von bis zu 1,2 Milliarden Euro notwendig. Und dieses Geld muss zunächst erwirtschaftet werden. Die hohen Preise für Arzneimittel in den Industriestaaten sind daher auch erforderlich, damit innovative Medikamente für Entwicklungsländer überhaupt entwickelt oder dort preisgünstiger zur Verfügung gestellt werden können. Denn die Entwicklung neuer Medikamente ist nicht nur teuer, sondern für die Pharmaindustrie auch wirtschaftlich riskant. Der Trend in vielen Industrieländern, die Vergütung für Arzneimittel immer weiter zu senken, verringert den Handlungsspielraum, Medikamente in Entwicklungsländern zu subventionieren und Innovationen voranzutreiben.

Megatrend Nummer drei ist die Mobilität. Weltweit können sich immer mehr Menschen ein eigenes Auto leisten, immer mehr Güter werden mit Lastwagen transportiert. Derzeit gibt es rund 900 Millionen Fahrzeuge weltweit. Bis 2050 wird sich ihre Zahl mehr als verdoppeln. Entscheidend ist daher die Frage, wie es – gerade angesichts des globalen Klimawandels und endlicher Ressourcen – gelingen kann, die zunehmende Mobilität mit dem Ziel geringerer Emissionen und Umwelteinwirkungen zu vereinbaren. Die Chemie liefert auch hier passende Lösungen und trägt dazu bei, die Mobilität der Zukunft nachhaltiger zu gestalten, zum Beispiel mit modernen Kunststoffen, die in Autos und Lastwagen immer öfter Stahlbauteile ersetzen. Sie sind – bei hoher Stabilität – um 30 bis 50 Prozent leichter. Und weniger Gewicht bedeutet weniger Kraftstoffverbrauch. Eine Gewichtsreduktion von 100 Kilogramm pro Pkw führt im Durchschnitt zu einem geringeren Verbrauch von bis zu 0,2 Liter Kraftstoff auf 100 Kilometer.

Bei etwa 41 Millionen Pkw in Deutschland lassen sich auf diese Weise rund 8,2 Millionen Liter Kraftstoff sparen, was einer Reduktion des CO_2-Ausstoßes um rund 19 000 Tonnen entspricht.

Ganz ähnlich ist der Effekt rund um die Reduzierung des Rollwiderstands beim Autofahren, neben Gewicht und Luftwiderstand der wichtigste Einflussfaktor für den Kraftstoffverbrauch. Hier bringen die sogenannten »Grünen Reifen«, wie sie vom Kölner Chemieunternehmen Lanxess entwickelt wurden, erhebliche Vorteile. Sie basieren auf neuartigen Kautschuk-Molekülverbindungen, mit deren Hilfe sich die Eigenschaften des »magischen Reifendreiecks« – also Abriebfestigkeit, Nasshaftung und Rollwiderstand – gleichzeitig optimieren lassen. Wer sein Fahrzeug auf die neuen Reifen umrüstet, kann auf diese Weise bis zu sieben Prozent Kraftstoff einsparen. Würden schon heute alle Pkw und Lkw weltweit mit »Grünen Reifen« fahren, könnten jährlich bis zu 20 Milliarden Liter Kraftstoff und 50 Millionen Tonnen CO_2-Emission eingespart werden.

Alternative Fahrzeugantriebe, insbesondere Elektromotoren und Brennstoffzellentechnologien, sind ohne das Know-how und die Beiträge der chemischen Industrie undenkbar. Hochmoderne Lithiumbatterien in Elektrofahrzeugen etwa sorgen heute bereits für eine höhere Reichweite, für die Durchsetzung der Technologie am Markt ein ganz wesentlicher Faktor. Das Erfolgsmodell »Drei-Wege-Katalysator« ist ein weiteres Beispiel für den nutzbringenden Einsatz von Chemie im Automobilbereich. Der Katalysator im Auto funktioniert dabei nach einem auch in der industriellen Chemieproduktion vielfach eingesetzten Prinzip. An der Oberfläche eingelagerter Edelmetalle wie Platin kommt es im Katalysator zu einer chemischen Reaktion. Schadstoffe wie Kohlenwasserstoffe oder Stickoxide, die im Auto bei der Verbrennung von Kraftstoffen entstehen, werden in die ungiftigen Stoffe Kohlendioxid, Wasser und Stickstoff umgewandelt.

Gerade für das Leben in den Städten, Megatrend Nummer vier, bedeutet das eine deutliche Entlastung von schädlichen Emissionen. Die Menschen dort wollen saubere Luft atmen. Dazu müssen sie allerdings nicht nur die Abgase ihrer Autos reduzieren, sondern auch ihre Gebäude effizienter heizen und kühlen, um die beim Heizen bzw. Kühlen entstehenden Emissionen kontinuierlich zu senken. Immerhin entfallen 40 Prozent des weltweiten Energiebedarfs auf Gebäude.

Um hier Energie zu sparen, kommen in der Bauindustrie immer öfter Dämmmaterialien zum Einsatz, die den Energieverbrauch der Gebäude senken, außerdem Kunststoffe für dichte Fenster und Türen. Als Basisstoffe aus der Chemie dienen dabei vor allem Polystyrol und Polyurethan. Sie sparen über ihre Lebensspanne hinweg ein Vielfaches der Energie ein, die für ihre Produktion aufgewendet werden musste. Auf diese Weise reduziert sich der Energieverbrauch durch Gebäude um zwei Drittel. Insgesamt ließen sich die CO_2-Emissionen, die allein in deutschen Haushalten durch Heizen verursacht werden, um über 60 Millionen Tonnen pro Jahr senken, wenn Gebäude entsprechend saniert würden.

Auch die Nanotechnologie kommt in diesem Zusammenhang immer häufiger zum Einsatz, zum Beispiel bei der Entwicklung von organischen Leuchtdioden, mit denen sich bei der Beleuchtung enorm viel Energie einsparen lässt. Diese organischen, Licht emittierenden Dioden (OLED) – in deren Entwicklung zum Beispiel Merck führend ist – verhelfen auch hochauflösenden Displays zu brillanten Farben, langer Lebensdauer und niedrigerem Energieverbrauch. Durch den Einsatz von nanotechnisch beschichteten Wärmetauschern in Heizungsanlagen kann man in einem durchschnittlichen Haushalt beim Heizen noch weiter Energie sparen – und zwar 10 bis 15 Prozent. Der CO_2-Ausstoß sinkt in der Folge pro Heizperiode um 300 Kilogramm.

Die Einsparung von Energie und Ressourcen im Sinne des Klima- und Umweltschutzes – Megatrend Nummer fünf – spielt aber nicht nur im Städtebau und bei der Sanierung von Gebäuden eine wichtige Rolle. Es geht heute weltweit darum, in unterschiedlichsten Lebensbereichen weniger Energie und Ressourcen zu verbrauchen. Und es geht darum, alternative Energieformen noch stärker zu nutzen, wo immer dies möglich und wirtschaftlich sinnvoll ist. Aber auch das funktioniert nicht ohne Chemie. Ohne sie jedenfalls sind weder Solarzellen noch Windräder denkbar. So stellen die Chemieunternehmen zum Beispiel das hochreine Solarsilizium her, das für die Herstellung von Solarzellen benötigt wird. Und sie produzieren faserverstärkte Kunststoffe sowie Beschichtungssysteme für Windräder und entwickeln neue Verfahren zur Produktion von Biokraftstoffen.

Alle diese Beispiele zeigen, dass sich viele der großen Herausforderungen, vor denen unsere Welt steht, durch chemische Innovationen meistern lassen. Das heißt aber auch: Ohne Chemie ist nachhaltiger Wohlstand weder bei uns noch in den aufstrebenden Regionen der Welt möglich. Falls der Mensch also tatsächlich – wie von Albert Einstein behauptet – all sein Handeln an seinen Bedürfnissen ausrichtet, dann sollte er der Chemie Respekt zollen. Hier werden die Antworten auf die Nachfragen von morgen erforscht.

Kurz gesagt:
Die Megatrends Ernährung, Gesundheit, Mobilität, Urbanisierung, Umweltschutz und Energie bestimmen unsere Zukunft. Bei der Suche nach Antworten auf die damit verbundenen Zukunftsfragen wird kein Weg an der chemischen Industrie vorbeiführen.

V INDUSTRIEPOLITIK IST GESELLSCHAFTSPOLITIK

Weshalb eine Rückbesinnung auf die soziale Marktwirtschaft erforderlich ist

Wer in den Grundsatzprogrammen der politischen Parteien Deutschlands nach dem Wort »Wettbewerbsfähigkeit« sucht, der kommt zu einem interessanten Ergebnis. Im CDU-Grundsatzprogramm findet sich der Begriff immerhin sechsmal, bei der SPD zweimal, bei der FDP nur einmal und bei den Grünen und den Linken kein einziges Mal. Das sind insgesamt neun Nennungen auf zusammengenommen 500 Seiten politischer Absichtserklärungen – nicht gerade viel für ein Industrieland.

Das Interesse der Politik an der Wettbewerbsfähigkeit der deutschen Industrie hält sich offenbar in Grenzen. Anscheinend wird diese Wettbewerbsfähigkeit für so selbstverständlich erachtet, dass sie kaum weiterer Aufmerksamkeit bedarf. Und genau da liegt das Problem. Die Industrie in Deutschland leidet unter dem »Fluch der guten Tat«. Sie sichert mit ihrer Stärke den Wohlstand des Landes und genießt auch im Ausland hohes Ansehen. Zudem schafft sie mit innovativen Produkten und dank effizienter Prozesse die Bedingungen, die Deutschland zum Dauerchampion bei den Exporten machen. Dieser Umstand hat offenbar bei nicht wenigen Politikern zu der Überzeugung geführt, dieser starken Industrie seien weitere Belastungen und Regulierungen ohne Gefahr für das

Gemeinwohl zuzumuten. Aber das ist falsch und in hohem Maße gefährlich.

Was wir stattdessen brauchen, ist eine selbstbewusste und kohärente Industriepolitik – in Deutschland und in Europa. Selbstbewusst sollte sie sein, als Ausdruck der Anerkennung industrieller Leistung, und kohärent, zu verstehen als verlässliches Handeln im Sinne eines grundlegenden Prinzips.

Deutschland verdankt seine starke wirtschaftliche Stellung einem Prinzip, das der Essener Ökonom und Kultursoziologe Alfred Müller-Armack bereits in den Anfängen der Bundesrepublik formuliert hat. Es ist ein Prinzip, das »auf der Basis der Wettbewerbswirtschaft die freie Initiative mit einem gerade durch die wirtschaftliche Leistung gesicherten sozialen Fortschritt verbindet«.

Diese soziale Marktwirtschaft hat Deutschland in 60 Jahren von einem Trümmerhaufen zur viertgrößten Volkswirtschaft der Welt aufsteigen lassen. Mit seinen Grundwerten Freiheit und Fortschrittswillen wirkt dieses Prinzip auch im 21. Jahrhundert noch frisch und zeitgemäß. Wenn heute von Nachhaltigkeit die Rede ist, also dem klugen Wirtschaften für das Morgen, dann ist auch diese Idee bereits in der sozialen Marktwirtschaft angelegt. Es geht ja auch dort um Fortschritt. Im Sinne der Nachhaltigkeit muss gute Industriepolitik also wirtschaftlichen, sozialen und ökologischen Zielen gleichermaßen Rechnung tragen und sie so gut wie möglich miteinander vereinbaren. Sie darf nicht einseitig überbetonen, auch nicht die Ökologie, wie dies derzeit oft die Regel ist. Die Folge wären ein Innovationsstau oder, schlimmer noch, fehlgeleitete Investitionen durch steuernde Eingriffe der Industriepolitik, bei denen erfolgreiche Entwicklungen auf der Strecke bleiben und der Fortschritt stagniert.

Zum fortschrittlichen Geist einer guten Industriepolitik gehört die Lust an der Innovation. Die Entwicklung neuer Technologien und ihre Umsetzung in innovative Produkte versetzen uns in die Lage, den Herausforderungen unserer Zeit entgegenzutreten und sie zu meistern. Nur so entsteht langfristiger wirtschaftlicher Erfolg und damit auch langfristiger gesellschaftlicher Wohlstand. Erfolg und Wohlstand stellen sich aber nicht automatisch ein – schließlich wollen andere dasselbe erreichen –, und deshalb ist der globale Wettbewerb eine Realität, der wir Rechnung tragen müssen. Weichenstellungen, die wir national oder auf europäischer Ebene vornehmen, haben direkte Auswirkungen auf die internationale Wettbewerbsfähigkeit heimischer Unternehmen. Das dürfen diejenigen, die Politik gestalten, nicht ausblenden, auch wenn sie das – blickt man in ihre Grundsatzprogramme – häufig zu tun scheinen. Sie konzentrieren sich vor allem auf den »sozialen Ausgleich«, aber deutlich weniger auf das »Prinzip der Freiheit« auf dem Markt. Und so erleben wir, dass dieses Prinzip immer wieder ausgehebelt wird und dass zu viele, vor allem aber falsche Regulierungen vorgenommen werden. Gesetzliche Bestimmungen zum Frauenanteil in Aufsichtsräten etwa oder flächendeckende Mindestlöhne stellen erhebliche Eingriffe in die Eigentums- und Freiheitsrechte der Unternehmer, Anteilseigner oder Tarifpartner dar.

Allerdings ist es mit Politikerschelte allein nicht getan. Es muss sich vielmehr jeder an die eigene Nase fassen. Regulierung und Freiheitsbeschränkung kommen schließlich nicht von anonymen Mächten, sondern werden von Bürgern, gesellschaftlichen Gruppierungen und Unternehmen gefordert, die sich *mit* Regeln und Verordnungen sicherer fühlen als ohne. Die staatliche Ordnungspolitik übernimmt deshalb zunehmend Aufgaben, die Bürger oder Unternehmen eigentlich selbst leisten könnten. Und umgekehrt machen es sich manche Unternehmen und Bürger in der staatlichen Obhut auch bequem. Die Folgen sind eine aufgeblähte Staatsquote – 2012 fast 46 Prozent –, eine zu hohe Staatsverschuldung und eine zähe Bürokratie. Das alles ist aber keine Zwangsläufigkeit. Denn anders als von manchen angenommen würde der Sozialstaat bei einer Staatsquote von 30 oder 35 Prozent keineswegs zusammenbrechen. Die Schweiz ist der beste Beweis. Die Voraussetzungen dafür wären weniger Umverteilung und mehr Eigenverantwortung. Ein Nebeneffekt wäre auch mehr individuelle Freiheit.

Gute Industriepolitik sollte nicht in staatliche Überregulierung münden. Sie sollte stattdessen ordnungspolitische Rahmenbedingungen schaffen, innerhalb derer sich die soziale Marktwirtschaft entfalten kann. Sie sollte den Wettbewerb fördern und, wo immer möglich, marktwirtschaftlichen Lösungen den Vorrang geben. Denn diese schaffen den Raum für Innovation und Effizienz und damit jenen wirtschaftlichen Erfolg der Unternehmen, der gesellschaftlichen Wohlstand erst möglich macht. Es geht also keineswegs um die Einführung eines wie auch immer gearteten Manchester-Kapitalismus!

Eine derartige selbstbewusste, kohärente Industriepolitik muss sich angesichts der aktuellen wirtschaftlichen Lage sieben konkreten Aufgaben zuwenden:

1. Verbesserung des Bildungssystems
2. Optimierung der Infrastruktur
3. Weichenstellung für eine effiziente Klima- und Energiepolitik
4. Innovationsförderung
5. Förderung einer gesamteuropäischen Industriepolitik
6. Sicherung des freien Welthandels
7. Abbau von Steuerbelastungen und Abgaben, um Investitionen zu fördern

Die beste Voraussetzung für Wohlstand ist immer noch ein solides geistiges Fundament, also vor allem eine starke und breit angelegte Bildung. Dass Deutschland zu Beginn des 21. Jahrhunderts in fast allen entsprechenden Vergleichen mit anderen Ländern höchstens mittlere Plätze belegt, bietet Anlass zu ernsthafter Sorge. Es ist dringend erforderlich, die Weichen in der Politik anders zu stellen. Bildungspolitik ist auch Industriepolitik, wie schon allein ein Blick auf das zunehmende Problem des Fachkräftemangels zeigt. Schon heute ist die Situation äußerst kritisch. So kann nach Erkenntnissen des Deutschen Industrie- und Handelskammertages bereits jedes zweite Unternehmen mit mehr als 20 Beschäftigten von Problemen berichten, qualifizierte Mitarbeiter zu finden. Und das Problem wird nicht kleiner. Das Institut für Arbeitsmarkt- und Berufsforschung schätzt beispielsweise, dass in Deutschland bis 2025 rund 6,5 Millionen Fachkräfte fehlen werden.

Trotz einiger Fortschritte im Bildungssystem verlassen noch immer jedes Jahr rund 50 000 Jugendliche die Schule ohne Schulabschluss. Der Anteil leseschwacher Schüler ist mit rund einem Fünftel unverändert hoch. Um hier Abhilfe zu schaffen, sind aus Sicht der chemischen Industrie grundlegende Veränderungen im deutschen Bildungswesen unausweichlich: Dazu gehört, dass alle Kinder und Jugendlichen eine faire Chance auf Bildung bekommen. Für die Industrie ist natürlich besonders der MINT-Bereich von Interesse, also die Vermittlung von Mathematik, Informatik, Naturwissenschaften und Technik. Großer Wert sollte jedoch auch auf die Allgemeinbildung gelegt werden, damit Spezialwissen in einen größeren Kontext eingebettet werden kann. Das ist die Wissensbasis, die wir für den Industriestandort Deutschland brauchen. Es steht zu hoffen, dass so auch Technologieskepsis in Aufgeschlossenheit und Innovationsfreude umgewandelt wird.

Das kann aber nur mit einheitlichen Bildungsstandards erreicht werden. Doch statt das Schul- und Ausbildungssystem zu vereinheitlichen, vergrößern immer neue Ansätze und Modelle den deutschen »Bildungs-Flickenteppich«. Entscheidend ist daher, dass der Fokus in der Bildungspolitik stärker auf den Ausbildungsinhalten liegen sollte. Den Lehrenden sollte die Möglichkeit gegeben werden, das zu tun, was sie am besten können und worauf es im Kern ankommt: zu lehren und Wissen zu vermitteln – nicht nur »Lernende zu begleiten«, wie seit Neuestem in Baden-Württemberg.

Neben einer derart vernetzten Bildung sind auch in einem anderen Netz dringende Renovierungs- und Ausbauarbeiten erforderlich: in der Infrastruktur. Ohne Speichertechnik und zusätzliche Leitungsnetze kann es keine stabile Energieversorgung mit Wind- und Solarstrom geben. Ohne eine sanierte Verkehrsinfrastruktur mit modernen Straßen, Schienen und Brücken wird die Logistik unserer Wertschöpfungsketten ausgebremst. Und ohne schnelle Kommunikationsnetze kann Bildungspolitik im digitalen Zeitalter nur viel zu langsam ihre Wirkung entfalten.

Deshalb ist es begrüßenswert, dass die Bundesregierung ab 2014 Infrastruktur-Investitionen in Höhe von 1,25 Milliarden Euro pro Jahr plant. Diese Mittel leisten einen guten Beitrag, die Wettbewerbsfähigkeit Deutschlands zu erhalten. Trotzdem kann das erst der Anfang sein. Allein für die Verkehrsinfrastruktur schätzt etwa der Bundesverband der Deutschen Industrie (BDI) den tatsächlich notwendigen Aufwand auf rund vier Milliarden Euro pro Jahr. Und hinzu kommt, dass sowohl Europa insgesamt als auch Deutschland in den Bereichen digitale Standards, Web-Technologien und IT-Sicherheit deutlich zurückliegen, wie nicht zuletzt die Ereignisse rund um die NSA-Abhöraktivitäten offenbart haben. Nicht nur die Verkehrsinfrastruktur, auch die Einflüsse der digitalen Medien und der modernen Informationstechnologien auf Gesellschaft und Wirtschaft werden von der Politik leider nicht aktiv genug gestaltet. Beides ist besorgniserregend, denn gerade in diesem erweiterten Sinne ist Deutschland auf eine intakte Infrastruktur angewiesen; sie ist die Lebensader unserer Wirtschaft und ein wichtiger Standortfaktor.

Um diesen Standort aber auch ökologisch zu erhalten, ist es unabdingbar, dass deutsche Politiker im internationalen Rahmen darauf hinwirken, dass die klimapolitischen Weichen richtig gestellt werden. Die Reduktion von CO_2-Emissionen – etwa durch den effizienteren Umgang mit Energie – ist und bleibt dabei eine zentrale Herausforderung, der sich die chemische Industrie schon seit Jahren mit großem Erfolg stellt. Obwohl sie ihre Produktion in Deutschland in den letzten 20 Jahren um fast 60 Prozent gesteigert hat, ist ihr Energieverbrauch gesunken. Für die Herstellung der gleichen Menge eines Produkts braucht sie heute nur noch halb so viel Energie wie 1990. Bei der weiteren Steigerung ihrer Effizienz stößt die Chemie jedoch mittlerweile an die Grenzen des physikalisch Möglichen.

Gerade deshalb ist hier ein umfassenderer Denkansatz erforderlich. Nur mit kohärenter Politik und abgestimmten Strategien kann mehr Effizienz erreicht werden. Solange etwa die USA und China beim Klimaschutz nicht mitziehen, bleiben unsere heimischen Anstrengungen ein Tropfen auf den heißen Stein. Das heißt freilich nicht, dass in der internationalen Klimapolitik zwangsläufig der Zögerlichste das Tempo bestimmen sollte. Aber es bedeutet, dass umwelt- und klimapolitische Weichenstellungen im eigenen Land tatsächlich nachhaltig sein müssen. Sie sollten also nicht nur ökologisch sinnvoll sein, sondern sie müssen sich auch in sozialer und ökonomischer Hinsicht rechnen. Nur wer Erfolg hat – klimapolitischen und wirtschaftlichen –, wird Nachahmer finden. Daher müssen Klimaschutzstrategien in globale Vereinbarungen eingebettet werden, um die Wettbewerbsfähigkeit der eigenen Industrie nicht einseitig aufs Spiel zu setzen, wie dies gegenwärtig bei den Energiekosten der Fall ist. Die deutsche Chemieindustrie setzt sich deshalb ganz entschieden für international abgestimmte Maßnahmen in der Klima- und Umweltpolitik ein – und für den Verzicht auf nationale Alleingänge.

Insgesamt ist Europa hier schon auf einem guten Weg: So ist die EU die einzige Industrieregion der Welt, die ein ambitioniertes absolutes Minderungsziel für den Klimaschutz gesetzlich verankert hat. Bis zum Jahr 2020 soll der Ausstoß von Treibhausgasen im Vergleich zu 1990 um

20 Prozent sinken. Obwohl auf Haushalte, Verkehr und Landwirtschaft insgesamt mehr als die Hälfte der Emissionen entfällt, leisten Industrie und Energiewirtschaft hierzu den größten Reduzierungsbeitrag. Allerdings wächst die Gefahr, dass der Industrie durch die zunehmende (Über-)Regulierung die Luft zum Atmen genommen wird. Keine andere Region leistet sich so weitreichende Regelungen. Einschlägige Beispiele sind neben dem CO_2-Zertifikatehandel die Industrieemissions-Richtlinie oder das Ökodesign. Immer kleinteiligere und gleichzeitig umfangreichere Vorschriften dieser Art bringen große Belastungen für die Unternehmen der chemischen Industrie mit sich. Unter dem Motto »innovation through regulation« soll der Umbau zur ressourcenschonenden »grünen« Wirtschaft vorangetrieben werden. Leider finden dabei häufig weder Wachstumspotenziale noch Belastbarkeit der Industrie angemessene Berücksichtigung.

Wir dürfen Umwelt- und Industriepolitik aber nicht als Gegensätze behandeln, sondern müssen sie als zwei Seiten derselben Medaille verstehen. Auch wenn es immer wieder Zielkonflikte gibt, gilt: Klare Zielsetzungen, vernünftige Zielabwägungen, kohärente Instrumente und eine zuverlässige, langfristig angelegte Entwicklung des regulatorischen Rahmens sind Voraussetzungen für die Sicherung der industriellen Wettbewerbsfähigkeit. Nur eine wettbewerbsfähige Industrie trägt mit ihren Produkten und Verfahren auf Dauer zum Schutz der Umwelt und zur Sicherung des gesellschaftlichen Wohlstands bei. Außerdem kann nur eine wettbewerbsfähige Industrie langfristig jene Innovationen hervorbringen, die auch im Umweltschutz notwendig sind, um die anspruchsvollen politischen Ziele mithilfe neuer Technologien in die Tat umzusetzen. Hier sei nur an LED-

Leuchten erinnert, die trotz geringen Energieverbrauchs erstaunliche Leuchtkraft entfalten können. Dank dieser chemischen Innovation wäre es möglich, den weltweiten Stromverbrauch um zehn Prozent zu senken – wenn nur jede dritte Lichtquelle durch eine LED ersetzt würde.

Aber nicht nur im Umweltschutz ist Innovationsfähigkeit der Schlüssel zum Erfolg. Auch insgesamt ist das Schicksal der deutschen Industrie aufs Engste mit der Fähigkeit zu Entwicklung und Herstellung neuartiger Produkte verbunden. Aus Deutschland kommen zwar nicht unbedingt die billigsten, wohl aber mit die besten und innovativsten Produkte. Nur für sie wird auf den Weltmärkten ein höherer Preis bezahlt, den wir hierzulande wiederum brauchen, um unsere höheren Kosten zu decken. Das bedeutet: Wer die Innovationsfähigkeit der deutschen Industrie belastet, der rührt an ihren Lebensnerv. Und umgekehrt: Wer die Innovationsfähigkeit fördert, der investiert in unser aller Zukunft.

Ein richtiger Schritt in diese Richtung ist zum Beispiel das europäische Förderprogramm Horizon 2020, das ab 2014 rund 70 Milliarden Euro für Forschung und Innovation zur Verfügung stellt. Damit werden erstmals alle bisherigen EU-Forschungsprogramme unter einem Dach zusammengefasst. Im Grunde geht es dabei um drei Schwerpunkte: exzellente Wissenschaft, industrielle Schlüsseltechnologien und gesellschaftliche Herausforderungen.

So begrüßenswert solche Förderinitiativen allerdings sind, sie müssen trotzdem Augenmaß bewahren. Ein falscher Schritt ist beispielsweise die einseitige Betonung so genannter Leitmärkte – einzelne Wirtschaftsbereiche, die politisch als besonders förderungswürdig gelten –, wie sie nicht nur in der Europa-, sondern mittlerweile auch in der

Bundespolitik immer mehr vorkommt. Hier werden zum Teil Maßnahmen skizziert, die weit über ordnungspolitische Grundsätze hinausgehen. Derart lenkende Vorgaben bergen immer die Gefahr von Verzerrungen und im Fall von öffentlichen Investitionen auch das Risiko der Verschwendung volkswirtschaftlicher Ressourcen. Stattdessen sollte man auch hier die Wirtschaft den Markt gestalten lassen.

Gerade deshalb setzt sich die chemische Industrie für die längst überfällige Einführung einer steuerlichen Forschungsförderung ein. Sie würde bestehende Wettbewerbsnachteile der forschungsintensiven chemischen Industrie ausgleichen und wäre ein wichtiger Impulsgeber für mehr Forschungs- und Entwicklungsinvestitionen – gerade auch im Mittelstand. VCI und BDI haben dazu gemeinsam eine Studie erstellen lassen und schlagen im Ergebnis eine Steuergutschrift in Höhe von zehn Prozent der gesamten Aufwendungen für Forschung und Entwicklung vor. Diese Gutschrift sollten alle in Deutschland forschenden Unternehmen erhalten, und zwar unabhängig davon, ob es sich um mittelständische oder Großunternehmen handelt. Auf diese Weise würden die Weichen wirkungsvoll und nachhaltig in Richtung Innovation und damit auch in Richtung Wettbewerbsfähigkeit gestellt – eine Maßnahme, die nicht zuletzt auch dem Erfolg der deutschen Industrie auf dem europäischen Heimatmarkt zugutekommen würde.

Denn der EU-Binnenmarkt ist in der Tat der Heimatmarkt der deutschen Industrie. Weit über die Hälfte unserer Exporte gehen in die EU. Unsere Unternehmen sind Teil europäischer Wertschöpfungsketten. Es liegt deshalb im Interesse der Chemieindustrie, dass die begonnene Integration trotz aller Schwierigkeiten weiter vorangetrieben wird.

Von einem zersplitterten Europa würden nicht die einzelnen Nationalstaaten profitieren – auch Deutschland nicht –, sondern vor allem die beiden anderen Wirtschaftsblöcke Asien und Amerika. Politik für Europa ist deshalb immer auch Politik für die Industrie in Europa. Aber sie ist damit noch nicht in jedem Fall schon europäische Industriepolitik. Dazu braucht es mehr, vor allem stabile Rahmenbedingungen und gesunde Volkswirtschaften. Der Reformeifer in den Einzelstaaten darf nicht nachlassen. Es ist erforderlich, die strukturellen Reformen, die Modernisierung der Arbeitsmärkte und den Abbau der Haushaltsdefizite weiter voranzubringen, weil sich nur dadurch private Investitionen in den europäischen Ländern ankurbeln lassen und nur so das Vertrauen zurückkehrt, das für die Stabilität in der Eurozone und an den Finanzmärkten unabdingbar ist.

Darüber hinaus gehört zu einer europäischen Industriepolitik, die diesen Namen verdient, dass die Verantwortlichen dafür Sorge tragen, dass die angekündigte Reindustrialisierung Europas tatsachlich gefördert wird. Alle Maßnahmen, die den Industriestandort Europa weiter belasten, müssen unterbleiben. Und: Europäische Richtlinien sind in allen Ländern eins zu eins in nationales Recht umzusetzen, damit in der EU tatsächlich gleiche Wettbewerbsbedingungen für alle herrschen. Auch innerhalb der Industrie darf es durch die europäische Gesetzgebung keine Diskriminierungen einzelner Technologien wie etwa der Biotechnologie geben. Stattdessen muss es darum gehen, zu einer technologieoffenen Stärkung der Innovationskraft der gesamten europäischen Industrie zu kommen. Die Einhaltung der Maastricht-Kriterien, eine wirksame Bankenregulierung, weniger Kleinteiligkeit in der EU-Gesetzgebung, eine besser abgestimmte Wirtschafts- und Fiskalpolitik und die Umsetzung des Binnenmarktes in allen Bereichen wären überdies notwendige Schritte zu einem einheitlicheren Europa, in dem die Bürger aller Staaten gut leben können.

Was den Welthandel betrifft, steht die deutsche Wirtschaft in nächster Zeit vor einigen Herausforderungen. Der insgesamt, trotz einzelner Erfolge, eher zähe Fortschritt von multilateralen Verhandlungen, etwa im Rahmen der WTO, führt zu neuen Handelspartnerschaften, wie beispielsweise dem geplanten Freihandelsabkommen mit den USA. Auch solche bilateralen Vereinbarungen können Handelsbarrieren abbauen, Märkte öffnen und zusätzliche Wirtschaftskraft entwickeln. Im Fall eines transatlantischen Freihandelsabkommens (TTIP) sprechen aktuelle Studien von jährlich rund 200 Milliarden Euro – das hätte allein in Deutschland bis zu 100 000 neue Arbeitsplätze zur Folge. Es wäre ein Konjunkturprogramm, von dem beide Seiten profitieren würden und für das keine Schulden gemacht werden müssten.

Aber auch der schwierige Weg zu international verbindlichen Standards im Umwelt- und Klimaschutz kann über bilaterale Abkommen wie TTIP schneller erreicht werden als multilateral. Andernfalls werden solche Standards – entwickelt und umgesetzt in zahllosen nationalen Alleingängen – mehr und mehr zum Wettbewerbsnachteil für die betreffende Industrie oder Branche. Vor diesem Hintergrund ist auch die Zunahme protektionistischer Tendenzen besorgniserregend. Immer mehr Länder, insbesondere in den aufstrebenden Regionen, machen es ihren Investoren zur Auflage, dass Produktion und Forschung bei ihnen vor Ort stattfinden müssen. Die Industrie muss sich dann darauf einstellen, will sie nicht wichtige Märkte der Konkurrenz preisgeben. Die Folge: Die deutsche Industrie wird politisch gezwungen, über das betriebswirtschaftliche Optimum hinaus im Ausland in Wertschöpfung zu investieren. Die Vorteile von Größeneffekten der Produktion und der internationalen Arbeitsteilung werden zulasten des weltweiten Wohlstands erodiert.

Der Zugang zu ausländischen Ressourcen ist ein weiteres Problem. Für die Industrie eines rohstoffarmen Landes wie Deutschland ist der ungehinderte Zugang zu Ausgangsmaterialien überlebensnotwendig. Große Unternehmen finden zwar meistens Wege zur Lösung solcher Herausforderungen. Für kleinere Unternehmen kann es aber dabei schnell an die wirtschaftliche Substanz gehen. Es sollte deshalb auch im Interesse der Politik liegen, dass die Industrie weniger Aufwand betreiben muss, um an die notwendigen Rohstoffe und Materialien zu gelangen, und sich mehr auf ihr Kerngeschäft konzentrieren kann.

Freihandel, Klimaschutz, Protektionismus, Ressourcen – all die genannten Herausforderungen können in bilateralen Verhandlungen angegangen werden. Da eine multilaterale Lösung in Form guter, international gültiger Regeln zwar der beste, aber auch der langwierigste Weg wäre, ist das derzeitige zweigleisige Vorgehen der EU – bilateral und multilateral – der richtige Ansatz. Das Industrieland Deutschland sollte diesen Weg konsequent unterstützen.

Um jedoch weltweit überhaupt erfolgreich sein zu können, braucht die deutsche Industrie vor allem zu Hause politische Rahmenbedingungen, die sie stärken und nicht schwächen. Deshalb dürfen weder die Mittel zur Finanzierung der Infrastruktur noch die für andere Politikbereiche über neue Steuern generiert werden. Der deutsche Staat nimmt bereits jetzt mehr Steuern ein als je zuvor. 2013 hat das Bundesfinanzministerium Rekordsteuereinnahmen von insgesamt rund 620 Milliarden Euro verbucht. Das sind 20 Milliarden Euro mehr als im Jahr zuvor.

Um mit diesen Mitteln die steigenden Anforderungen in fast allen gesellschaftlichen Bereichen zu erfüllen, sind die Politiker gut beraten, über mutige und überlegte Reformen des Steuersystems nachzudenken, die insbesondere die Leistungsfähigkeit der Industrie stimulieren. So sollten beispielsweise unternehmerische Verluste wieder vollständig steuerlich geltend gemacht werden können. Jede andere Praxis ist gerade für Start-ups und für junge Hightech-Unternehmen äußerst belastend.

Ohnehin widersprechen überbordende Steuerlasten prinzipiell dem eingangs beschriebenen Geist der sozialen Marktwirtschaft, der nach Überzeugung der chemischen Industrie auch weiterhin den politischen und gesellschaftlichen Ordnungsrahmen für die Wirtschaft definiert. Dabei gilt: »Die Wirtschaft« sind wir alle – Millionen Menschen, die in Handwerksbetrieben und in freien Berufen, bei Mittelständlern und in Großkonzernen arbeiten. Sie schaffen dort die Grundlagen für die Finanzierung unseres Gemeinwesens, zahlen Steuern und Abgaben. Kurz: »Die Wirtschaft«, das ist kein Paralleluniversum, kein Punchingball für Freunde polarisierender Rhetorik. »Die Wirtschaft« ist integraler Bestandteil unserer Gesellschaft. Gerade die jüngste Wirtschaftskrise hat das eindrucksvoll bewiesen. Erleidet die Wirtschaft einen Schwächeanfall, liegen schnell ganze Länder auf der Intensivstation.

In diesem Sinne ist es Zeit für eine Rückbesinnung auf die bewährten Grundsätze der Ordnungspolitik, denn sie ist eine Ordnung der Freiheit. Ordnungspolitik ist kein Laisser-faire, sie soll durchaus einen Rahmen vorgeben. Diese Rahmensetzung bedeutet aber nicht, bis in Detailfragen in alles eingreifen zu wollen. Ein Rahmen ist definiert als »Einfassung« oder »tragendes Grundgerüst« – nicht als Korsett. Der ordnungspolitische Rahmen sollte aber vor allem eines sein: langfristig ausgelegt. Unternehmen brauchen langfristige Planungssicherheit. Das gilt insbesondere für Industrieunternehmen. Sie funktionieren eben anders als eine Werbeagentur oder der Politikbetrieb. Wenn beispielsweise ein Chemieunternehmen in neue Produktionskapazitäten investieren will, dann heißt das: Planung der gesamten Anlage, Einholen aller Genehmigungen, Bau eines Gebäudes, Kauf von Maschinen und Anlagen, Testbetrieb usw.

So etwas lässt sich nicht von heute auf morgen realisieren. Bis das erste Produkt auf die Reise zum Kunden gehen kann, dauert es. Und es kostet. Wenn es die Verantwortlichen da mit einer Legislative zu tun haben, die mitten im Spiel die Regeln ändert, überlegen sie es sich zweimal, ob sie das nächste Mal hier oder lieber andernorts investieren. Schon heute sind Abwanderungstendenzen der Industrie, insbesondere der Chemieindustrie, unübersehbar, wie eine Datenerhebung des VCI zeigt. So stiegen im Jahr 2012 die Investitionen der Chemie in Sachanlagen im Ausland um rund 25 Prozent auf 7,7 Milliarden Euro. Im Inland stagnierten die Investitionen der drittgrößten deutschen Branche dagegen bei 6,3 Milliarden Euro. Erstmals seit 2001 übertrafen in der deutschen Chemie damit die Investitionen im Ausland die inländischen Investitionen.

In den vergangenen drei Jahren hat die deutsche Chemie allein in Nordamerika rund 6,5 Milliarden Euro in den Neubau oder die Erweiterung von Produktionsanlagen investiert. 2012 stiegen die Investitionen der Branche in Nordamerika um 54 Prozent auf rund 3,2 Milliarden Euro. Unsere Unternehmen sind in Deutschland wegen der Kostensteigerungen, insbesondere für Energie, erheblich unter Druck. Im Ausland finden sie offensichtlich schon heute oftmals bessere Produktionsbedingungen vor, mit denen sie ihre Wettbewerbsfähigkeit sichern können. Damit aus dieser Entwicklung kein Trend wird, müssen wir uns darauf besinnen, was Deutschlands Wirtschaft stark gemacht hat und was sie auch gut durch die Krisen der Vergangenheit geführt hat. Es waren nicht Verbote und ständig wechselnde Spielregeln, sondern eine soziale Marktwirtschaft, in der Wirtschaft nach dem Prinzip der Freiheit funktioniert und so den gesellschaftlichen Fortschritt ermöglicht.

Kurz gesagt:
Eine erfolgreiche chemische Industrie braucht die richtigen Rahmenbedingungen. Das Prinzip der sozialen Marktwirtschaft hat Deutschland erfolgreich gemacht. Sie hat den freien wirtschaftlichen Wettbewerb in den Dienst des gesellschaftlichen Fortschritts gestellt. Die zunehmende staatliche Regulierung untergräbt dieses Prinzip allerdings immer mehr. Damit ist letztendlich auch der gesellschaftliche Fortschritt bedroht. Zukunftsorientierte Industriepolitik muss insbesondere die Wettbewerbsfähigkeit Deutschlands im Blick haben und die passenden Rahmenbedingungen für eigenverantwortliches Handeln schaffen.

VI WO DIE CHEMIE STIMMT

Warum der Standort Deutschland »im Verbund« so gut fährt

Es gibt in der deutschen Sprache Worte, die sind nicht ohne Weiteres in andere Sprachen zu übersetzen. »Wunderkind« etwa gehört dazu oder »Schadenfreude«. Auch die »Rabenmutter« gibt es nur in Deutschland. Selbst ein für uns so wichtiger Begriff wie »Gemütlichkeit« lässt sich mit »comfort« oder »coziness« nur unzureichend, beispielsweise ins Englische, übertragen. Genauso geht es dem Rest der Welt mit einem Begriff aus der deutschen Chemieindustrie. Auch er findet in anderen Sprachen keine Entsprechung, was in diesem Fall aber daran liegt, dass es auch in der Sache keine hundertprozentige Entsprechung gibt. Gemeint ist der »Verbundstandort«. Der hat seinen Ursprung in Deutschland, und hier vor allem in der chemisch-pharmazeutischen Industrie.

Dahinter steckt die Idee, einzelne Produktionsanlagen technisch so miteinander zu vernetzen, dass einerseits Rohstoffe möglichst effizient genutzt werden können. Andererseits sollen auch die Nebenprodukte des einen Produktionsablaufs in eine andere Produktionskette integriert werden – wenn also beispielsweise bei der Produktion von Zucker Melasse entsteht, die dann als Sirup weiterverarbeitet wird. Aber nicht immer ist es so einfach, die chemische Produktion ist oft sehr viel komplexer.

Zwischenstufen, Neben- und Kuppelprodukte sind auf dem Weg zum Zielmolekül normal. Diese Verbundenheit der Produktionsstufen ist ein Charakteristikum der Chemie. Gezielt genutzt hat dieses Prinzip erstmals BASF im 19. Jahrhundert in seinem Ludwigshafener Werk. Damals fielen bei der Herstellung von Leuchtgas Nebenprodukte an, die man wiederum zur Herstellung von Teerfarbstoffen nutzen konnte. Aus dieser naheliegenden Idee ist das heute mit über 2000 Gebäuden und einer Fläche von mehr als zehn Quadratkilometern größte zusammenhängende Chemieareal der Welt entstanden, das zugleich Vorbild für viele andere Verbundstandorte wurde.

Auch Bayer verdankt seinen Aufstieg zum Weltkonzern nicht zuletzt der starken Verbundstruktur seiner Stammwerke. So wird beispielsweise Polyurethan – ein vielseitiger Kunststoff, der unter anderem bei der Herstellung von Dichtungen, Lacken oder Dämmstoffen zum Einsatz kommt – im Verbund hergestellt. Denn bei der Produktion dieser Chemikalie entsteht Salzsäure, die man früher entsorgen musste. In einem Verbundsystem können jedoch andere Anlagen in unmittelbarer Nähe dieses Nebenprodukt sinnvoll weiterverarbeiten, etwa bei der Herstellung von wasserreinigenden Chemikalien.

Bis heute betreiben Unternehmen wie Bayer, BASF oder Evonik Verbundstandorte im In- und Ausland, und das mit großem Erfolg. Aber auch kleinere Einzelunternehmen ohne klassischen Verbundstandort profitieren von diesem System, wenn sie sich beispielsweise multilateral zu einem »Verbund im Großen« vernetzen: Das Nebenprodukt des einen Unternehmens in Süddeutschland wird so zur wichtigen Ressource des anderen Unternehmens an der Küste, das wiederum Kuppelprodukte für ein drittes Unternehmen im Ruhrgebiet liefert.

Der Verbund ist in der chemischen Industrie also allgegenwärtig, und das sogar in unterschiedlichen Dimensionen:

- horizontal als Zusammenfassung von Forschung und Entwicklung, Prozessentwicklung, Produktion und Marketing an einem Standort, sodass die Erkenntnisse bei einer Funktion direkt zu Verbesserungen bei den anderen führen,
- vertikal als Zusammenfassung vor- und nachgelagerter Fertigungsstufen, sodass ein Unternehmen bestimmte Leistungen und Produktionen seiner Wertschöpfungskette selbst übernimmt, um die Effizienz in der Wertschöpfung zu steigern,
- oder funktional, wenn etwa verschiedene Kompetenzen von Unternehmen oder Spezialisten zum Zweck eines gemeinsamen Ziels gebündelt werden.

Der Grund für diese multidimensionale Verschränkung der chemischen Produktion liegt auf der Hand: Im Verbund entstehen effiziente Wertschöpfungsketten, von Grundchemikalien bis hin zu hochveredelten Produkten. Insgesamt sind es mehr als 30 000 Produkte, die über vielstufige und vielfach verzweigte Produktionsabläufe in sehr komplexen Prozessen hergestellt werden. Dabei sind mehrere im Prinzip technisch und wirtschaftlich voneinander unabhängige Stufen sozusagen hintereinandergeschaltet. Mit jedem Schritt findet eine weitere Veredelung der zuvor hergestellten Stoffe statt. Am Ende der Ketten stehen oft Chemie-»Spezialitäten« wie Vitamine, Riechstoffe oder Pharmazeutika. In fast allen Fällen aber lassen sich diese und andere Produkte auf Stoffströme weniger chemischer Grundstoffe und Basisprozesse zurückführen – so wie die Äste und Früchte eines Baumes aus einer gemeinsamen Wurzel hervorgehen (siehe dazu auch Kapitel III).

Auf diese Weise spart die chemische Industrie Rohstoffe und Energie, senkt die Logistikkosten und nutzt Synergien. Unter dem Strich entsteht so ein beachtlicher Vorteil im internationalen Wettbewerb: Weltweit spart allein BASF durch das Verbundsystem jährlich rund eine Milliarde Euro. Allerdings sind diese Einsparungen auch notwendig, um die industrielle Produktion am weltweit vergleichsweise teuren Standort Deutschland zu erhalten. Nur so sind sichere Arbeitsplätze in der Chemie, hohe Gehälter und Sozialstandards hier auch in Zukunft zu gewährleisten.

Dem ökonomischen Nutzen der Verbundstrukturen folgt außerdem ein ökologischer Nutzen. Weniger Lkw-Kilometer in der Logistik, die Nutzbarmachung von Reststoffen und geringerer Energieverbrauch machen sich am Ende auch in einem Rückgang der Abfallmengen und der Emissionen bemerkbar. Sie tragen außerdem dazu bei, den CO_2-Ausstoß der Chemieproduktion zu senken.

Die Idee des Verbunds ist aber nicht nur eine effiziente Produktionsform der chemischen Industrie, sie ist auch ein unternehmerisches Leitmotiv der gesamten deutschen Industriekultur. Es gilt: Das Ganze funktioniert zusammen besser als die einzelnen Teile. Diese positiven Effekte der Integration werden auch hier horizontal, vertikal und funktional erzielt – vor allem bei den verschränkten Wertschöpfungsketten innerhalb Deutschlands, wenn Mittelständler und Großunternehmen partnerschaftlich zusammenarbeiten. Auf diese Weise prägt die Verbundidee schon seit Langem die Unternehmenskultur der deutschen Industrie.

Für den Standort Deutschland ist diese Kultur der Zusammenarbeit ein elementarer Erfolgsfaktor. Die hochintegrierten Wertschöpfungsketten der deutschen Industrie sind bis heute wichtige Wettbewerbsvorteile unserer Wirtschaft. Mit einer Wertschöpfung von 464 Milliarden Euro und einem Anteil von sieben Prozent an der globalen Industrieproduktion ist Deutschland hinter den USA, Japan und China der viertgrößte Industriestandort der Welt. Und auch innerhalb Deutschlands ist die Industrie der wichtigste Wachstumsmotor. Sie generiert etwa 25 Prozent unseres Bruttoinlandsprodukts. Zum Vergleich: Im EU-Durchschnitt liegt der Beitrag der Industrie zum Bruttoinlandsprodukt nur bei knapp 17 Prozent, in den USA mit 13 Prozent sogar noch darunter. Während die Produktivität in der gesamten deutschen Wirtschaft seit dem Jahr 2000 um knapp 16 Prozent zugenommen hat, stieg sie in der Industrie um 34 Prozent – also mehr als doppelt so viel. Wohlhabende Regionen sind deshalb vor allem diejenigen, in denen eine starke Industrie verwurzelt ist.

Dabei schöpft die deutsche Industrie ihre Stärke auch hier aus einem Verbund, und zwar aus dem gesunden Mix aus Großkonzernen und Mittelstand, die auch in ihren Wertschöpfungsketten miteinander verschränkt sind. Der Mittelstand stellt dabei den Löwenanteil: Über 99 Prozent der Unternehmen in Deutschland sind kleine und mittlere Unternehmen mit weniger als 250 Beschäftigten und einem Umsatz von weniger als 50 Millionen Euro pro Jahr.

Es ist deshalb kaum verwunderlich, zu welchem Schluss eine aktuelle Studie des Instituts der deutschen Wirtschaft Köln (IW) kommt: Die Wertschöpfungsketten sind noch immer ein Schlüssel für den Erfolg der deutschen Unternehmen. Dieser Verbund bleibt trotz Globalisierung stark, der Anteil inländischer Zulieferungen an der Industrieproduktion ist nahezu konstant, und die wichtigsten Lieferanten und Kunden sitzen für den Großteil der Unternehmen noch immer im Inland – ein Befund, der sich trotz einer zunehmend globalisierten Wirtschaft auch nur langsam ändern wird.

Vor allem für neue, sich noch entwickelnde Märkte wie die erneuerbaren Energien ist das ein wichtiger Punkt. Hier muss die Wertschöpfungskette effizient und belastbar sein, sodass zum Beispiel Windkraftanlagen immer schneller und immer günstiger gebaut werden können. Gerade die Produktion von Windrädern profitiert besonders vom Industrieverbund: Für die Herstellung der Rotorblätter werden Materialien wie Holz, Stoff, Stahl, Aluminium und Glasfaser verwendet. All das wird vom Hersteller natürlich nicht selbst produziert, sondern im gesamtindustriellen Verbund erzeugt und entsprechend wirtschaftlich bezogen. Dass diese Lieferanten wiederum intensiv an der Qualität ihrer Werkstoffe arbeiten, hat für den Hersteller der Windkraftanlage einen handfesten Vorteil. Die von ihm eingekauften Materialien werden immer hochwertiger, während er selbst sich darauf konzentrieren kann, die Konstruktionsweise seiner Anlage zu verbessern.

Eine Schlüssel- und Scharnierfunktion für das Funktionieren solcher und ähnlicher Wertschöpfungsketten hat in Deutschland die chemische Industrie mit ihrem ganz eigenen Produktionsverbund. Kaum ein anderer Industriezweig kann ohne chemische Vorprodukte existieren. Die Chemieindustrie beschäftigt unmittelbar mehr als 430 000 Menschen – mittelbar noch weitaus mehr – und erwirtschaftete

2013 einen Gesamtumsatz von 188 Milliarden Euro. Damit liegt sie hinter dem Fahrzeugbau und dem Maschinenbau auf dem dritten Platz.

Die geschilderte Verbundstruktur der deutschen Chemieindustrie ist eine der Grundlagen für diese Stärke. Denn so, wie sich der industrielle Produktionsbaum aus den Wurzeln der Rohstoff- und Basischemie heraus bis in die hochspezialisierten Produkte etwa der Pharmaindustrie verzweigt, so nähren durch das Verbundsystem auch umgekehrt die Blätter des Baumes seine Wurzeln. Denn der künftige Bedarf an Basischemikalien in Deutschland und Westeuropa folgt im Wesentlichen dem erwarteten Wachstum der chemischen Industrie und ihrer Abnehmerbranchen. Die Basischemie kann aufgrund der engen Verflechtung der Chemiesparten vom Wachstum der Spezialchemie profitieren. Das ist eine deutsche Besonderheit und natürlich ein zentraler Wettbewerbsvorteil gegenüber anderen Ländern, deren Chemieindustrie weniger stark integriert ist.

Deutschland bleibt deshalb aller Voraussicht nach auch in Zukunft eines der wenigen Länder, die sowohl eine starke Basischemie als auch eine große Spezialchemie haben. Allerdings ist es dafür wichtig, die Basis fortlaufend zu stärken. Dazu sind in den nächsten Jahren und Jahrzehnten in erheblichem Umfang Ersatzinvestitionen in wichtige Versorgungs- und Produktionsinfrastrukturen erforderlich, ohne die die Anlagen zu überaltern drohen. Cracker zum Beispiel spalten die im Erdöl bzw. seinen Bestandteilen enthaltenen Kohlenwasserstoffe zu reaktiven Ausgangsbausteinen wie Ethylen und Propylen, die dann im Chemieverbund weiterverarbeitet werden können. Um diese kostspieligen, aber notwendigen Verfahren weiter betreiben zu können, sind Investitionen notwendig – langfristige Investitionen, die auch eine langfristige Planungssicherheit ermöglichen. Die gesamte Chemieindustrie ist darauf angewiesen – und damit auch auf einen breiten gesellschaftlichen Konsens über die Zukunft des Industriestandorts Deutschland. Dieser Konsens muss die langfristige Sicherstellung einer verlässlichen und wettbewerbsfähigen Energie- und Rohstoffversorgung einschließen.

Politische Entscheidungen auf diesem Gebiet beeinflussen daher in ganz besonderer Weise die Attraktivität des Industrielandes Deutschland. Der Schiefergas-Boom in den USA zum Beispiel gefährdet in Kombination mit den Folgen der Energiewende bei uns die Wettbewerbsfähigkeit der deutschen Industrie. Steigende Strompreise in Deutschland einerseits und die deutlich geringeren Energiepreise in Nordamerika andererseits führen dazu, dass deutsche Produkte weniger wettbewerbsfähig werden. Energieintensive Unternehmen können sich gezwungen sehen, in andere Länder abzuwandern – ein Problem, das als »Investment Leakage« bekannt ist. Die chemische Industrie ist von diesem Problem der hohen Strompreise besonders betroffen, da sie naturgemäß mit hoher Energieintensität arbeitet. Das liegt in ihrer Eigenschaft als Grundstofflieferant für viele andere Wirtschaftszweige begründet. Im energetischen »Rucksack« liegen die großen Teile naturgemäß ganz unten, also am Beginn der Wertschöpfungskette. Hier wird häufig die meiste Energie verbraucht. »Investment Leakage« führt bei einer stark integrierten und spezialisierten Wirtschaft wie der deutschen also zwangsläufig zu einem Zerreißen dieser Wertschöpfungsketten. Sie verlieren dadurch ihre Stabilität. Nur der gesamtindustrielle Verbund garantiert, dass die Wertschöpfungskette wirtschaftlich und effizient bleibt.

Die chemische Industrie ist also systemrelevant. Ohne chemische Produktion würden in vielen anderen Branchen die Materialien fehlen. Aus dieser Verbundenheit hat sich eine enge Partnerschaft zu den Kunden entwickelt. Merck zum Beispiel organisiert regelmäßig Symposien, bei denen Stadtentwickler, Architekten und Industriedesigner über die Zukunft von Displaytechnologien diskutieren. BASF arbeitet eng mit Automobilherstellern zusammen, mit denen gemeinsam Technologien für Lackierstraßen entwickelt werden. Auf diese Weise ergänzt sich das Spezialwissen aller Partner gegenseitig und führt zu sehr viel besseren Ergebnissen – nicht nur bei Forschung und Entwicklung, sondern auch in der Produktion.

Diese enge Verzahnung der deutschen Wirtschaft ist aber auch der Grund, weshalb sich negative Impulse durch hohe Energiekosten so rasch fortpflanzen. Kosteneffekte bei energieintensiven Industrien am Anfang der Wertschöpfungsketten werden dabei schnell in andere Bereiche des vom Mittelstand dominierten verarbeitenden Gewerbes und in weitere Wirtschaftsbereiche übertragen. Die Folgen einer solchen Entwicklung sind weitreichend; sie können die Standortqualität Deutschlands nachhaltig schwächen – mit Auswirkungen für alle Bereiche der Gesellschaft (siehe Kapitel V).

Auch auf anderen Gebieten ist diese Qualität bedroht. Zu diesem Ergebnis kommt jedenfalls das World Economic Forum (WEF). Es prüft und bewertet jährlich wichtige institutionelle Standortfaktoren von 144 Ländern und erstellt auf dieser Basis ein Länder-Ranking. Dabei schneidet Deutschland noch immer gut ab. Ob bei der Qualität lokaler Zulieferer, den Forschungseinrichtungen, der Infrastruktur oder der

Zusammenarbeit von Industrie und Wissenschaft: Deutschland findet sich unter den besten 20 Nationen und belegt nach den 111 Indikatoren des WEF im Zeitraum 2013/2014 Platz 4 in der Gesamtliste. Die Herausforderungen sind allerdings bereits sichtbar. Besonders im Bildungs- und Forschungsbereich gibt es nach Erkenntnissen der Forscher Verbesserungsbedarf, und das, obwohl die öffentlichen Ausgaben für Forschung und Entwicklung zuletzt leicht gestiegen sind (2012 lagen sie bei 0,96 Prozent des BIP) und auch die Wirtschaft ihren Anteil sukzessive auf 2,02 Prozent gesteigert hat.

Hier mangelt es jedoch an einer konsequenten industriepolitischen Linie. Ganz wesentlich ist, dass die Besonderheiten der deutschen Industrie bei politischen Entscheidungen berücksichtigt werden, damit sie zukunftsfähig bleibt und mit steigendem Wachstum auch effizienter wird. Mehr Effizienz und weniger Ressourcenverbrauch liegen im ureigenen Interesse – nicht nur der Industrie, sondern auch der Volkswirtschaft und damit der Politik. Wer für industrielle Entfaltung die richtigen Bedingungen schafft, wer zudem Bildung, Forschung und Entwicklung fördert, der wird langfristig auch die Umwelt- und Klimafolgen industrieller Produktion eindämmen und zugleich die Qualitäten des Standorts erhalten.

Ein Verbund wäre auch in diesem Bereich hilfreich: ein partnerschaftliches Verhältnis von Industrie und Politik, bei dem man sich auf das gemeinsame Interesse einer wachsenden Volkswirtschaft besinnt. Eine kohärente Industriepolitik zerstört keine Wertschöpfungsketten, sondern fördert die Zusammenarbeit zwischen einzelnen Branchen, zwischen Großkonzernen und Mittelstand und letztendlich auch zwischen den Vertretern von Industrie und Politik. Nur so kann Deutschland seine Zukunft positiv gestalten – und nur so ist nachhaltiges Wachstum möglich.

Kurz gesagt:
Die Verbundstrukturen der chemischen Industrie sind maßgeblich für die Erfolge der gesamten industriellen Wertschöpfung in Deutschland verantwortlich. Daher ist es gefährlich, wenn hohe Strompreise oder politische Eingriffe diese Strukturen belasten. Die deutsche Gesellschaft muss stattdessen das Erfolgsmodell der industriellen Verbundwirtschaft verstehen, akzeptieren und fördern. Deshalb sollte auch hier im Verbund gearbeitet werden: im partnerschaftlichen Verhältnis zwischen Industrie und Politik.

VII MIT NEUER ENERGIE IN DIE ZUKUNFT

Warum wir eine bessere Energiewende brauchen

Wer Chemie betreibt, hat für Fragen der Energie ein besonderes Gespür. Der sorgsame und nachhaltige Umgang mit ihr ist seit jeher eine Selbstverständlichkeit – nicht nur in der industriellen Chemie, sondern schon im Labor. Denn Chemiker wissen: Energie geht in geschlossenen Systemen nicht verloren, sie wechselt nur die Form. In den Laboren und in der chemischen Produktion ist das eine alltägliche Erfahrung. Energie, die man aufwenden muss, damit beispielsweise Steinsalz und Wasser in einer chemischen Reaktion zu Chlor, Natronlauge und Wasserstoff werden, kommt nicht abhanden. Der Fachmann spricht vom »Gesetz der Energieerhaltung«. Zwar erfordert die Herstellung von Chlor sehr viel Energie in Form von Strom. Der aber wird in der Chlor-Alkali-Elektrolyse in chemische Energie umgewandelt und in den Molekülen »gespeichert«. Diese gespeicherte Energie sorgt dann wiederum in späteren Prozessen dafür, dass Reaktionen mit Chlor in der Regel sehr schnell ablaufen können.

Wenn die Kosten für den Produktionsfaktor Energie steigen und die Notwendigkeit wächst, mehr und mehr Energie einzusparen, zählen natürlich jeder Effizienzgewinn und jede Möglichkeit, Prozesse noch besser zu machen. Die Unternehmen sparen Energie, wo immer es geht – in der Chlorchemie, aber auch überall sonst. So hat die chemische Industrie ihren absoluten Energieverbrauch in den vergangenen 20 Jahren um rund 20 Prozent gesenkt – trotz einer um mehr als 60 Prozent gestiegenen Produktion.

Klar ist aber auch, dass es nicht endlos so weitergehen kann. Die Industrie nähert sich im Gegenteil in vielen Bereichen den Grenzen des Machbaren. Der Anstieg des Energieverbrauchs, der sich aus dem Wachstum des Produktionsvolumens insgesamt ergibt, kann durch Effizienzsteigerungen im Einzelnen kaum mehr ausgeglichen werden. Vor allem deshalb ist die Industrie existenziell darauf angewiesen, dass die benötigte Energie nicht immer weiter verteuert wird.

Gleichzeitig wissen natürlich auch die Chemiker, dass die Vorräte an fossilen Energieträgern endlich sind – selbst wenn neue Technologien wie die Erschließung von Schiefergasvorkommen die globalen Prognosen in letzter Zeit wieder deutlich positiver ausfallen lassen. Endlich aber bleiben die so gewonnenen Energieformen dennoch. Deshalb tritt auch die deutsche Chemieindustrie dafür ein, dass bisherige Formen der Energieerzeugung nach und nach von neuen Formen abgelöst werden. Und selbstverständlich werden sich durch eine solche Energiewende auch wirtschaftliche Chancen eröffnen. Die Umsatzchancen der deutschen Unternehmen sollen nach einer vom BDI in Auftrag gegebenen Studie bis 2020 bei rund 60 Milliarden Euro liegen. Tausende neue Arbeitsplätze könnten in diesem Zusammenhang entstehen. Voraussetzung dafür ist aber, dass die politische Steuerung der Energiewende vernünftig abläuft. Wenn sie dauerhaft gelingen soll, sollten drei wesentliche Punkte beachtet werden, denen man bislang nicht genug Aufmerksamkeit geschenkt hat.

1. Ein grundlegender Prozess wie die Umstellung der Versorgungsbasis auf neue Energieträger darf nicht aus tagespolitischen Erwägungen heraus entschieden werden, sondern muss langfristig ausgerichtet und gesteuert werden.
2. Die Energiewende muss sich in allen Einzelmaßnahmen immer an drei gleichberechtigten Zielen orientieren: Wirtschaftlichkeit, Versorgungssicherheit und Ökologie. Energie muss bezahlbar, sicher und sauber sein. Keines dieser Einzelziele darf aus dem Dreiklang herausgelöst werden.
3. Die Energiewende betrifft die Industrie in besonderer Weise. Sie ist für sie von existenzieller Bedeutung. Deshalb ist es unabdingbar, dass die politischen Entscheidungen diese Bedeutung für die Industrie angemessen berücksichtigen.

Keiner dieser drei Punkte wurde in der Vergangenheit seiner Bedeutung gemäß berücksichtigt. Hier müssen die politischen Weichen deshalb für die Zukunft besser gestellt werden.

Für den ersten Punkt, die langfristige Ausrichtung, heißt das: Der abrupte Ausstieg aus der Kernenergie unter den emotional geprägten Eindrücken der Katastrophe von Fukushima im Jahr 2011 hatte ernste Konsequenzen für alle Verbraucher. Neben dem Kostenproblem entsteht durch den schnellen Ausstieg aus der Kernenergie auch noch ein Problem mit der Versorgungssicherheit. Für ein Hochtechnologieland wie Deutschland ist das ein untragbarer Zustand. Rund vier Jahre nach dem Ausrufen eines der ehrgeizigsten und umfassendsten Projekte der Nachkriegszeit fällt die Bilanz ernüchternd aus. Derartige Schnellschüsse dürfen sich nicht wiederholen.

Auch die zwischenzeitlich immerhin vorgenommenen Korrekturen am Erneuerbare-Energien-Gesetz (EEG) und beim Tempo des Ausbaus der erneuerbaren Energien gehen zwar in die richtige Richtung, ändern aber noch nichts am grundsätzlichen Problem: dass die politisch Verantwortlichen nämlich auch weiterhin zu sehr auf regulierende Eingriffe setzen statt auf marktwirtschaftliche Prinzipien.

So ging beispielsweise mit Einführung des EEG ab 2000 über der Solar- und Windbranche die »Subventionssonne« auf, weil der Staat die Anschaffung entsprechender Anlagen durch die Verbraucher gezielt unterstützte. Am Anfang stand die Idee einer Anschubfinanzierung, die zur Förderung neuer Technologien durchaus sinnvoll sein kann. Der Ausstieg aus dieser Anschubfinanzierung wurde dann aber verpasst, sodass nach fast 15 Jahren heute eine Dauersubventionierung existiert. Doch an sich wäre es geboten, dass sich die erneuerbaren Energien inzwischen selbst, aus »eigener Kraft«, am Markt behaupten. Und mehr noch: Was wir brauchen, ist ein vollkommen neues Strommarktdesign, das die Versorgungssicherheit gewährleistet und die Kosten begrenzt.

Die im Januar 2014 vorgelegten EEG-Reformvorschläge der Bundesregierung sind vor diesem Hintergrund sicher ein erster Schritt in die richtige Richtung, etwa in Bezug auf die Steuerung und eine bessere Kosteneffizienz des Ausbaus erneuerbarer Energien. Die geplanten Mehrbelastungen für Unternehmen hingegen sind alles andere als erfreulich. Sie kommen quasi durch die Hintertür und betreffen zum Beispiel jene Betriebe, die Strom zum Eigenverbrauch sehr effizient in eigenen Kraftwerken herstellen. Würden die Reformvorschläge hierzu wie geplant umgesetzt, hätten diese Unternehmen Mehrkosten von insgesamt über 300 Millionen Euro zu tragen. Besonders beunruhigend ist die Tatsache, dass wieder einmal die Investitionssicherheit durch rückwirkende Maßnahmen infrage gestellt wurde.

Ein gutes Beispiel dafür, dass es auch anders gehen kann, ist der Emissionshandel. Er funktioniert grundsätzlich als rein marktwirtschaftliches Instrument. Das Prinzip dahinter: kosteneffizienter Klimaschutz mit marktwirtschaftlichen Instrumenten. Wie sich der Preis für Zertifikate entwickelt, ist letztlich ohne Relevanz für das Erreichen des Ziels, denn die politisch festgelegte Obergrenze für Emissionen kann nicht überschritten werden. Der Emissionshandel wäre daher grundsätzlich auch als alleiniges klima- und energiepolitisches Leitinstrument gut geeignet, wird jedoch stattdessen durch Instrumente wie das EEG oder Maßnahmen zur Energieeffizienz konterkariert.

Um bei der Energiewende zu ähnlichen Erfolgen zu kommen, ist jetzt ein klarer Fahrplan für ihre weitere Umsetzung notwendig. Ein Fahrplan, der auch realistisch ist. Denn wenn die Ziele auf dem eingeschlagenen Weg offenkundig nicht erreicht werden können, dann muss es Korrekturen bei den Zielsetzungen und beim Tempo der Energiewende geben – und zwar entschlossener als bisher.

Ein realistischer Plan sollte von einem stringenten Projektmanagement flankiert werden, das bisher noch weitgehend fehlt und das aus den vorliegenden Monitoring-Ergebnissen abgeleitet werden muss. Das intensive Monitoring, das die Fortschritte der Energiewende im jährlichen, besser noch im quartalsweisen Rhythmus und anhand vorab definierter Kennzahlen evaluiert, wird in diesem Zusammenhang noch wichtiger. Die Folgen eines Scheiterns der Energiewende wären zweifellos ungleich größer als bei jedem anderen Großprojekt, über das sich die deutsche Öffentlichkeit in jüngster Vergangenheit erregt hat. Bei Stuttgart 21 oder beim Berliner Flughafen geht es nicht um die Zukunft Deutschlands insgesamt – bei der Energiewende schon.

Zum zweiten Punkt: In Politik und Öffentlichkeit wird Ökologie oft mit Nachhaltigkeit gleichgesetzt – sodass ökonomische und soziale Erwägungen bei vielen Gesetzesvorhaben weitgehend unberücksichtigt bleiben. Innovative Technologien wie die CO_2-Speicherung oder die Schiefergasförderung werden aus Risikoscheu von vornherein abgelehnt, wobei doch zumindest eine offene Debatte über deren Chancen und Risiken notwendig wäre. Stattdessen lenkt das derzeitige System die meisten Subventionen in genau die Art der Energieerzeugung, die in Deutschland mit Abstand am ineffizientesten ist. Mit dem Ergebnis, dass rund 30 Prozent der weltweit installierten Photovoltaikanlagen ausgerechnet in Deutschland stehen, obwohl Deutschland sicher nicht zu den sonnenreichen Nationen gehört.

Ein weiteres Beispiel für das bestehende Ungleichgewicht zwischen Ökonomie und Ökologie ist der Umbau der Netzinfrastruktur. Neben den beträchtlichen Kosten und den zu langen Planungszeiten liegt einer der Gründe für den schleppenden Ausbau der Stromtrassen auch im erheblichen Widerstand von Bürgern und Umweltschützern. Viele Menschen unterstützen zwar einerseits die Energiewende, möchten andererseits aber selbst keinesfalls in der Nähe einer Hochspannungsleitung wohnen. Sie verfahren also ganz nach dem Sankt-Florians-Prinzip. Bleibt nur die Frage, wann und wo die für eine erfolgreiche Energiewende dringend erforderlichen neuen Hochspannungsleitungen in Deutschland in Zukunft gebaut werden sollen.

Das Tempo des Netzausbaus jedenfalls ist nach wie vor viel zu gering. Von den mehreren Tausend Kilometern neuer Übertragungsnetze, die gebraucht werden, sind bisher insgesamt nur einige Hundert Kilometer gebaut. 2013 waren es sogar gerade einmal rund 50 Kilometer neue Hochspannungsleitungen. Vor allem hinsichtlich der für die Unternehmen essenziellen Versorgungssicherheit sind das keine guten Nachrichten.

Und der dritte Punkt: Die akute Bedrohung der internationalen Wettbewerbsfähigkeit deutscher Unternehmen durch die Stromkosten wurde zu lange (und wird teilweise noch immer) weitgehend ignoriert. Der Weg, den die politisch Verantwortlichen mit dem massiven Ausbau der erneuerbaren Energien eingeschlagen hatten, bescherte allein der chemischen Industrie im Jahr 2013 Zusatzkosten in Höhe von 800 Millionen Euro, die vor allem die kleinen und mittleren Unternehmen zu tragen hatten. Und trotz der Entlastungsregelungen für energieintensive Industrien werden die Kosten im weiteren Verlauf des Jahres 2014 auf eine Milliarde Euro ansteigen.

In der Zwischenzeit ist Deutschland mit diesen künstlich erhöhten Energiekosten im internationalen Wettbewerb bereits erheblich ins Hintertreffen geraten. Allein der Preis für Gas ist in Europa um fast 300 Prozent höher als in den USA. Dort hat der Öl- und Schiefergas-Boom dazu geführt, dass die Amerikaner 2013 mehr Öl gefördert als aus anderen Ländern importiert haben. Hier findet offensichtlich gerade eine Zeitenwende auf dem Weltmarkt für Energie statt. Ein energieintensives Chemieunternehmen in den USA muss für

Gas und den daraus erzeugten Strom wesentlich geringere Ausgaben veranschlagen und kann auf dem Weltmarkt daher wesentlich wettbewerbsfähiger agieren als Unternehmen, die in Deutschland produzieren.

Besonders dramatisch ist die Situation bei den rund 2000 kleinen und mittelständischen deutschen Chemieunternehmen. Sie bilden die große Mehrheit der Branche und zahlen bisher die volle Umlage für das EEG. Weniger als zehn Prozent von ihnen profitierten 2013 von der Härtefallregelung für energieintensive Unternehmen und waren tatsächlich weitgehend von der Umlage befreit.

Die Absurdität dieser Belastungen wird deutlich, wenn man sich vor Augen führt, dass gerade die Unternehmen der Chemieindustrie eine Schlüsselrolle bei der technologischen Umsetzung der Energiewende spielen. Denn ohne die chemische Industrie gäbe es keine Windräder, keine Elektroautos, keine Solarzellen und keine stromsparenden Lampen. Ohne die chemische Industrie wäre der Umbau des Energiesektors überhaupt nicht möglich.

Alle offenen Fragen müssen daher so rasch wie möglich geklärt werden. Denn auch während der Energiewende müssen Versorgungssicherheit und Kostenkontrolle gewährleistet sein – und zwar nicht nur für Privatverbraucher, sondern auch für industrielle Großabnehmer. Nur so kann die Wettbewerbsfähigkeit der deutschen Industrie auf Dauer gesichert werden.

Schon heute lassen sich die Folgen der verfehlten Energiepolitik der letzten Jahre deutlich erkennen. So stiegen die Investitionen in Sachanlagen der chemischen Industrie im Ausland 2012 um rund 25 Prozent, während sie im Inland stagnierten. Erstmals seit 2001 kippte damit das Verhältnis der Investitionen im In- und Ausland, zulasten Deutschlands. Bei den deutschen Unternehmen besonders beliebt sind die USA. Allein 2012 stiegen die Investitionen dort um 54 Prozent. Über 41 Prozent aller Auslandsinvestitionen werden mittlerweile auf der anderen Seite des Atlantiks vorgenommen. Und diese Renaissance der Vereinigten Staaten als Investitionsziel für deutsche Unternehmen ist ganz klar auf einen Faktor zurückzuführen: die niedrigen Energie- und Rohstoffpreise.

Damit aus dieser Entwicklung kein dauerhafter Trend wird, muss der politische Rahmen so gesetzt werden, dass die Energiewende in Deutschland auch für die Industrie bezahlbar bleibt. Sie darf nicht weiter ein Risiko für den Standort Deutschland sein. Die Herausforderung lautet, die Energiewende als Chance für unsere Zukunft zu gestalten.

Kurz gesagt:
Die Energiewende ist Risiko und Chance zugleich. Energieintensive Branchen wie die chemische Industrie sind darauf angewiesen, dass dieses Projekt erfolgreich gesteuert wird. Ein Scheitern hätte fatale Auswirkungen für den Standort Deutschland.

VIII KOOPERATION STATT KONFRONTATION

Warum die Sozialpartnerschaft die Chemie krisensicherer macht

Sommer 1971: In vielen Unternehmen überschlagen sich die Ereignisse. Tausende von Beschäftigten der Chemieindustrie verlassen ihre Arbeitsplätze, andere treten während der Arbeitszeit stundenlang in den Sitzstreik, wieder andere erledigen ihre Arbeit nur noch im Schneckentempo. Der Einfallsreichtum der Gewerkschaft ist groß. Mit den Überraschungsstreiks will sie ihren Lohnforderungen Nachdruck verleihen – in einer angespannten wirtschaftlichen Situation, die zu erheblichen Gewinnrückgängen bei den Unternehmen geführt hat. Obwohl auch die Arbeitgeber dem Konflikt nicht aus dem Weg gehen, steht am Ende doch ein Kompromiss, der für beide Seiten tragbar ist. Große Begeisterung über den Tarifabschluss kommt zwar zunächst nicht auf. Dennoch sind beide Seiten froh, noch längere und zermürbende Auseinandersetzungen verhindert zu haben. Und am Ende steht die Einsicht, auch wenn es sich zunächst noch um ein »zartes Pflänzchen« handelt: Auseinandersetzungen lassen sich auch anders lösen als mit Streiks. Sozialer Frieden macht sich auf die Dauer bezahlt – und zwar für alle Beteiligten.

Der Streik von 1971 war deshalb bis heute der letzte in der Geschichte der deutschen Chemieindustrie. Seit mehr als 40 Jahren ist Ruhe an der Streikfront. Und das ist gut so.

Stattdessen wurde Konfrontation abgelöst durch Kooperation und das Modell des Klassenkampfs ersetzt durch die Idee der Sozialpartnerschaft. Das Grundprinzip dabei heißt bis heute: Arbeitgeber und Arbeitnehmer suchen gemeinsam und pragmatisch nach den besten Lösungen für Unternehmen und Beschäftigte. Dabei ist immer klar, dass auch der Konflikt zur Partnerschaft gehört. Interessenunterschiede werden nicht verwischt. In erster Linie aber geht es immer darum, die gemeinsame Sache nach vorne zu bringen: den dauerhaften Erfolg der Unternehmen. Innerhalb der Chemie-Sozialpartnerschaft geschieht das durch kontinuierlichen Dialog auf Augenhöhe.

Der Erfolg dieses Konzepts ist beispiellos – innerhalb und außerhalb Deutschlands. Nicht nur, dass keine andere Branche auf eine so lange Zeit ohne Streiks zurückblicken kann. Auch die Beschäftigten haben überdurchschnittlich von der Sozialpartnerschaft profitiert. Und nicht zuletzt war es genau dieser Zusammenhalt, der die chemische Industrie in der Wirtschaftskrise, die 2008 ihren Anfang nahm, im Innern stabilisiert hat. Obwohl die Unternehmen der Chemieindustrie zum Teil Gewinneinbrüche von bis zu 30 Prozent zu verkraften hatten, ist dort so gut wie kein Arbeitsplatz verloren gegangen. Möglich war das nur vor dem Hintergrund der Sozialpartnerschaft, die auch unter Krisenbedingungen funktionierte. Und es war nur möglich, weil auch Staat und Wirtschaft ihre Verantwortung partnerschaftlich wahrgenommen haben, insbesondere bei der Regelung zur Kurzarbeit.

Infolge dieses und ähnlicher Prozesse in den Chemieunternehmen gingen nicht nur kaum Arbeitsplätze verloren, sondern die früheren Kapazitäten standen, als die Konjunktur wieder anzog, schnell wieder zur Verfügung. Das war gut für die Unternehmen, und es war gut für die Belegschaften, die jetzt sogar wieder zusätzliche Zahlungen erhielten. Gut war es aber eben vor allem auch für Deutschland insgesamt. Gerade der hohen Flexibilität der Sozialpartner und der Verantwortungsgemeinschaft von Staat und Wirtschaft verdankt Deutschland zu einem großen Teil die im Vergleich zu anderen Ländern schnelle Überwindung der Krise. Schon im Jahr 2010 war das Land nach der bis dahin schärfsten Wirtschaftskrise der Nachkriegszeit wieder auf das Wohlstands- und Wachstumsniveau des letzten Vorkrisenjahres aufgestiegen.

Löhne und Gehälter der Branche liegen heute rund 25 Prozent über dem Durchschnitt im verarbeitenden Gewerbe. Insgesamt finden in der chemischen Industrie rund 430 000 Menschen Arbeit, weitere 500 000 sind bei Zulieferern und Partnern beschäftigt. Die weitaus meisten Arbeitsplätze sind hoch qualifiziert und mit Spezialisten besetzt, wie zum Beispiel Sicherheitsingenieure oder Pharmakanten. Der Anteil ungelernter Arbeitskräfte beträgt heute weniger als zehn Prozent.

Auch in puncto Sicherheit ist die Chemieindustrie in Deutschland führend. 2011 wurden 9,5 Arbeitsunfälle je Million Arbeitsstunden registriert. Der Durchschnitt in der gewerblichen Wirtschaft liegt bei mehr als 16 Arbeitsunfällen je Million Arbeitsstunden. In der Chemieindustrie hat sich die Zahl der Arbeitsunfälle innerhalb von 20 Jahren um zwei Drittel verringert. Das heißt, wer in der Chemieindustrie arbeitet, ist nicht nur finanziell überdurchschnittlich gut versorgt, sondern hat auch einen überdurchschnittlich sicheren Arbeitsplatz.

Auf diese Weise stehen nicht nur die deutschen Chemieunternehmen auf einem zuverlässigen und stabilen Fundament. Auch die Gesellschaft insgesamt profitiert von der funktionierenden Sozialpartnerschaft. Vom Himmel fällt eine solche Kooperation allerdings natürlich nicht. Dafür sind zum einen förderliche politische und gesellschaftliche Rahmenbedingungen nötig und zum anderen der gute Wille und die Geduld der beteiligten Partner.

Der erste Faktor war nach dem Zweiten Weltkrieg in der noch jungen Bundesrepublik durch den Ordnungsrahmen der sozialen Marktwirtschaft gegeben. Aus der Systemkonkurrenz von Kapitalismus und »real existierendem Sozialismus« entwickelte sich an der Schnittstelle Deutschland ein »dritter Weg«. Er wies recht bald genau in die Richtung, die sich heute als prinzipiell richtig und vor allem international wettbewerbsfähig erwiesen hat, auch – oder gerade – in Krisenzeiten.

Das deutsche System der sozialen Marktwirtschaft habe auf die zurückliegende Wirtschafts- und Finanzkrise angemessen, flexibel, schnell und adäquat reagiert, resümiert auch das Institut der Deutschen Wirtschaft Köln. Entscheidend war nach Ansicht der Experten, dass vor allem die Kooperation zwischen den Tarifparteien funktioniert hat. Das Erfolgsrezept: »interne Flexibilität, insbesondere die Möglichkeit von Unternehmen, im Rahmen eines gegebenen tarifpolitischen Geflechts richtig auf den dramatischen Einsturz des Arbeitsvolumens reagieren zu können.« Die Tarifparteien »haben einen guten Job gemacht – in der Krise, aber auch schon vorher«, lautet das Fazit der Wirtschaftswissenschaftler.

Mit anderen Worten: Die Sozialpartnerschaft, wie sie in der Chemieindustrie seit Jahrzehnten gelebt wird, wurde zum Vorbild der gesamten deutschen Industrie. Zu verdanken ist das vor allem dem guten Willen und der Geduld der Industriegewerkschaft Bergbau, Chemie, Energie (IG BCE) und des Bundesarbeitgeberverbands Chemie (BAVC). Sie haben über Jahrzehnte gezeigt, wie eine solche Sozialpartnerschaft zum Wohle aller funktionieren kann. Dabei wurde die Partnerschaft stets weiterentwickelt. Beide Seiten stärkten und vertieften ihr Verhältnis kontinuierlich. Im sogenannten Wittenberg-Prozess verständigten sie sich etwa im August 2008 auf gemeinsame »Leitlinien für verantwortliches Handeln in der sozialen Marktwirtschaft«. Darin bekennen sich die Sozialpartner beispielsweise ausdrücklich dazu, die soziale Marktwirtschaft unter den Bedingungen der Globalisierung mit nachhaltigem unternehmerischem Erfolg weiterentwickeln zu wollen.

Die Kooperation ist ganz bewusst breit angelegt und betrifft nicht nur klassische Themen der Tarifauseinandersetzung wie die Entgeltzahlungen. Als erste Branche überhaupt hat die Chemieindustrie durch den Wittenberg-Dialog vielmehr auch in anderen wichtigen Themenbereichen zu gemeinsamen Ansätzen der Tarifpartner gefunden. Etwa, wenn es um die Frage geht, wie sich die Industrie auf die Folgen der Globalisierung und auf den demografischen Wandel einstellen soll. Sie haben damit gesellschaftspolitische Verantwortung übernommen und die Grundlage geschaffen, um diese Megatrends mitgestalten zu können.

Doch damit nicht genug. Mit der neuen Nachhaltigkeitsinitiative »Chemie^3« verwirklichen der Verband der Chemischen Industrie, die IG Bergbau, Chemie, Energie und der Bundesarbeitgeberverband Chemie seit Frühjahr 2013 ein bislang in Deutschland einmaliges Projekt. Ziel der Initiative ist es, das Thema Nachhaltigkeit als Leitbild der Branche zu verankern. Es geht darum, die Position der chemischen Industrie langfristig zu stärken und mit Blick auf eine nachhaltige globale Entwicklung auszubauen. Der Fokus liegt dabei – und das ist entscheidend für die Umsetzung – auf einem aktiven und offenen Dialog mit Politik und Gesellschaft.

Damit ist aber auch klar: Die gesellschaftlichen und politischen Rahmenbedingungen müssen eine Fortentwicklung der Unternehmen auch in Zukunft möglich machen. Ein zu enges Korsett mit immer neuen Regelungen und Einflussnahmen des Staates schnürt der Industrie auf Dauer die Luft ab. Das heißt, die ordnungspolitischen Bedingungen dürfen nicht zugunsten von staatlichem Dirigismus und Überregulierung des Wirtschaftslebens verändert werden. Ein solcher Weg schwächt die internationale Wettbewerbsfähigkeit der Industrie und gefährdet Arbeitsplätze und den Wohlstand in unserem Land. Vor allem aber zeigen die zahlreichen Initiativen der Sozialpartner in der Chemieindustrie, dass eine solche staatliche Regulierung gar nicht notwendig ist.

Der Staat ist nicht der bessere Unternehmer. Er muss und soll nicht unmittelbar in das Wirtschaftsgeschehen eingreifen. Im Gegenteil: Die Geschichte der Chemieindustrie in Deutschland hat deutlicher als jede andere gezeigt, wo Interessenausgleich am besten funktioniert und am effizientesten organisiert wird: bei den wirtschaftlichen Akteuren selbst, innerhalb der Unternehmen und innerhalb der Branche. Das ist und bleibt der richtige Weg.

Ganz deutlich wird das am Beispiel des gesetzlichen Mindestlohns. Eine solche Regelung ist für die Chemieindustrie absolut überflüssig. Schon seit Jahren liegt das Entgelt – in der

Branche wird seit 1988 tariflich nicht mehr zwischen Arbeitern und Angestellten unterschieden – deutlich über allen geforderten Mindeststandards. Und das ganz ohne gesetzliche Vorgaben. Aber auch außerhalb der Chemieindustrie ist ein vorgeschriebener Mindestlohn kontraproduktiv. Denn überall dort, wo die Produktivität der Unternehmen nicht ausreicht, um den staatlich festgelegten Mindestlohn zu zahlen, werden Arbeitsplätze verloren gehen. Wer das nicht will, ist deshalb gut beraten, weiter auf das bewährte Instrument der Tarifautonomie zu setzen. Sie allein sorgt zuverlässig für differenzierte und gerechte Löhne – passend für jede Branche und für jede Region. Auf dieses hohe Gut sollten wir auch in Zukunft setzen. Löhne und Gehälter auszuhandeln und festzulegen – das ist Sache der Tarifparteien!

Dies gilt insbesondere, da die Tarifparteien ja nicht nur gerechtes Entgelt aushandeln. Sie kümmern sich beispielsweise auch um flexible Arbeitsbedingungen. Denn wenn die deutsche chemische Industrie gleichzeitig den verschärften weltweiten Wettbewerb um Standortqualitäten und die Herausforderung der demografischen Entwicklung auf Dauer meistern will, müssen für beide Bereiche neue, noch flexiblere Lösungen entwickelt werden. Gleichzeitig müssen diese Regelungen natürlich auch weiterhin den Interessen der Beschäftigten Rechnung tragen – ein Spagat, der im Detail nicht leicht zu bewältigen ist. Aber auch hier haben die Sozialpartner der Chemieindustrie eine gemeinsame Antwort gefunden. In ihren Tarifverträgen ist bereits seit den 1990er Jahren die Möglichkeit der Flexibilisierung und Öffnung verankert. Das heißt, innerhalb der Unternehmen können die Sozialpartner beispielsweise Arbeitszeit- oder Entgeltkorridore vereinbaren, um so flexibel auf neue

Herausforderungen des Marktes reagieren zu können. Das war ein wichtiger Schritt, wie insbesondere die geschilderte Überwindung der Krise nach 2008 gezeigt hat. Und auch dieses Modell taugt als Lösungsansatz für andere Branchen.

Ein weiteres Beispiel ist der sogenannte ChemiePensionsfonds. Er belegt, wie die Wahrnehmung unterschiedlicher Interessen und die gesellschaftliche Verantwortung Hand in Hand gehen können. Schon 1998 haben die Tarifpartner dieses Thema aufgegriffen und einen Altersvorsorge-Tarifvertrag vereinbart, dem dann 2001 die Gründung des ChemiePensionsfonds folgte, des ersten deutschen Pensionsfonds überhaupt.

Das Ergebnis: In der deutschen chemischen Industrie sorgen heute 80 Prozent der Beschäftigten tariflich für ihr Alter vor – und ergänzen damit die gesetzliche Vorsorge, die angesichts der demografischen Entwicklung immer mehr in Schieflage gerät. Durchschnittlich legen sie mehr als 900 Euro pro Jahr an, um ihren Lebensstandard im Alter besser abzusichern. Jeder Vollzeitbeschäftigte in der Chemieindustrie hat einen tariflichen Anspruch auf über 600 Euro pro Jahr, die ihm sein Arbeitgeber für die Altersvorsorge zahlt. Daneben haben 70 Prozent der Chemie-Beschäftigten einen Anspruch auf eine vom Arbeitgeber freiwillig gewährte und voll finanzierte betriebliche Altersversorgung.

Neben dieser Vorreiterrolle der Sozialpartner bei der Gestaltung der Tarifverträge entwickelte die chemische Industrie als erste Branche in Deutschland auch passende Antworten auf die demografische Entwicklung der Gesellschaft. Schon heute fehlen den Unternehmen qualifizierte Fachkräfte – und das ist erst der Anfang. Bis 2030 werden dem deutschen Arbeitsmarkt 6,4 Millionen Menschen weniger als heute zur Verfügung stehen, was für die Wettbewerbsfähigkeit und die Innovationskraft der Branche eine große Herausforderung darstellt.

Um dem drohenden Fachkräftemangel zu begegnen, setzt die Chemie auf eigene Ausbildung des qualifizierten Nachwuchses. Insgesamt bietet die Branche über 50 verschiedene Ausbildungsgänge an, auf durchweg hohem und zum Teil breitem interdisziplinärem Niveau. Die Ausbildungsquote liegt stabil bei fünf Prozent. Rund 27 000 junge Menschen haben derzeit einen Ausbildungsplatz in der Chemieindustrie. Das sind Jobs mit Zukunft und guten Verdienstmöglichkeiten. So werden neun von zehn Auszubildenden am Ende ihrer Ausbildung übernommen. Und die Branche hat bereits im Jahr 2003 einen eigenen Tarifvertrag geschlossen, der das Angebot an Ausbildungsplätzen langfristig sichert.

Doch klar ist eben auch: Mit einer guten betrieblichen Ausbildung allein ist es angesichts der demografischen Entwicklung längst nicht mehr getan. Es muss gelingen, alle Potenziale in vollem Umfang auszuschöpfen – sei es bei der Ausbildung von lernschwachen Jugendlichen, bei der Gestaltung moderner Ausbildungsberufe oder bei der beruflichen Aus- und Weiterbildung. Besonderes Augenmerk muss auf die naturwissenschaftliche Ausbildung und Förderung gerichtet werden. Denn gerade im Bereich der MINT-Qualifikationen (Mathematik, Informatik, Naturwissenschaften und Technik) fehlen der Wirtschaft schon heute 120 000 qualifizierte Mitarbeiter. Wer wie die chemische Industrie auf Innovation und Fortschritt setzt, braucht hoch qualifiziertes Personal. Und er braucht eben vor allem auch qualifizierten und interessierten Nachwuchs.

Insgesamt gilt: Alle wichtigen gesellschaftspolitischen Themen rund um die Frage der sozialen Gerechtigkeit spiegeln sich in der sozialen Realität der Chemieindustrie. Ob Bildung oder Generationenvertrag, gerechter Lohn im Sinne fairer Teilhabe, Geschlechtergerechtigkeit oder gesellschaftliche Vielfalt. Die Chemiebranche hat seit den 1970er Jahren eine starke Sozialpartnerschaft entwickelt, die auch für diese Fragen konstruktive Lösungen finden kann.

Heute ist die chemische Industrie tatsächlich ein Ort der guten Arbeit. Die Entgelte sind überdurchschnittlich. Durch die Anbindung an zahlreiche Kundenbranchen ergeben sich für die Angestellten viele Entwicklungsmöglichkeiten. Da Produktionsstätten der Chemie außerdem nicht ohne Weiteres verlagert werden können, bietet die Chemie als Arbeitgeber auch Sicherheit und Kontinuität. So haben sich ganze Familien von Chemieangestellten entwickelt, deren Mitglieder über mehrere Generationen in denselben Werken arbeiten. Die Unternehmen profitieren in diesem Fall doppelt: von der sozialen Verbundenheit ihrer Angestellten, aber auch vom Erfahrungsschatz der älteren Mitarbeiter, den diese an die jüngeren weitergeben.

Der besondere Geist der Kooperation in der Chemieindustrie – gepaart mit konstruktivem Pragmatismus – sorgt also für Ausgleich und sozialen Frieden, gleichzeitig aber auch für technologischen Fortschritt, für Wachstum, Wohlstand und Wettbewerbsfähigkeit. Die Chemie-Sozialpartnerschaft ist ein Erfolgsmodell, das krisensicherer macht und damit Arbeitnehmern und Arbeitgebern gleichermaßen nützt. Sie ist durch nichts zu ersetzen, schon gar nicht durch staatliche Eingriffe in die unternehmerische Freiheit.

Kurz gesagt:
Seit über 40 Jahren ist in der chemischen Industrie nicht mehr gestreikt worden. Die lösungsorientierte Sozialpartnerschaft zwischen Arbeitnehmern und Arbeitgebern schafft sozialen und ökonomischen Mehrwert. In Wirtschaftskrisen hat sich diese Beziehung besonders bewährt. Die tarifpolitischen Vereinbarungen in der Chemie sind Vorbild für andere Industriezweige. Damit dieses Erfolgsmodell sozialer Gerechtigkeit aber auch in Zukunft funktioniert, darf der Staat die Gestaltungsfreiheit in der Sozialpartnerschaft nicht weiter einschränken.

IX DAS RISIKO DER FREIHEIT

Warum wir der Chemie vertrauen können

»*Wenn es Regenschirme gibt, kann man nicht mehr risikofrei leben: Die Gefahr, dass man durch Regen nass wird, wird zum Risiko, das man eingeht, wenn man den Regenschirm nicht mitnimmt. Aber wenn man ihn mitnimmt, läuft man das Risiko, ihn irgendwo liegen zu lassen.*«

Was für Regenschirme ganz offensichtlich und banal erscheint, stellt in vielen anderen Lebenszusammenhängen ein beachtliches Problem dar: die simple Einsicht nämlich, dass jede Entscheidung zugleich ein Risiko beinhaltet. Der Soziologe Niklas Luhmann, von dem das obige Zitat stammt, hat darauf hingewiesen. Einerseits, sagt er, gibt es Gefahren. Das sind negative Ereignisse, die eintreten können, ohne dass wir darauf Einfluss haben, wie etwa der Regen. Andererseits gibt es Risiken; sie entstehen erst und nur dort, wo Menschen mit ihren eigenen Entscheidungen und vor allem durch eigene Maßnahmen in den Lauf der Dinge eingreifen. Also durch den Regenschirm und durch die Entscheidung, ihn mitzunehmen. Aber eben auch durch die Entscheidung, ihn *nicht* mitzunehmen. Egal, wie wir uns entscheiden: Jede Entscheidung, die wir im Angesicht einer Gefahr treffen, stellt ein Risiko dar. Und wenn wir uns nicht *nicht* entscheiden können, dann leben wir trotzdem immer und permanent riskant.

So zwingend diese Einsicht ist, so unangenehm ist sie für viele Menschen. Und das ist leicht zu verstehen. Wer lebt schon gern im Dauerzustand einer grundlegenden Unsicherheit? Viel lieber ist uns allen die Vorstellung einer wohlgeordneten Welt, in der wir die Gefahren im Griff haben und in der wir *richtige* Entscheidungen von *falschen* klar unterscheiden können. Genau das aber können wir nur annäherungsweise. Das Regenschirmrisiko etwa lässt sich zwar berechnen, zum Beispiel mithilfe von Meteorologen, aber es lässt sich nicht aus der Welt schaffen. Man mag das bedauern. In Wirklichkeit aber ist diese Unberechenbarkeit zu begrüßen. Denn Unsicherheit ist die Zwillingsschwester der Freiheit. Nur wo prinzipiell mehrere Möglichkeiten denkbar und erwartbar sind, herrscht jene Offenheit der Situation, die uns überhaupt erst den Raum der Entscheidungen öffnet. Diesen Raum gilt es mit Verantwortung zu füllen. Es kann – und darf – aber nicht darum gehen, diesen Raum zu versperren oder zum verbotenen Terrain zu erklären.

Schon gar nicht darf es diese Option in der Wissenschaft geben. Wo ihre Freiheit – bei uns per Grundgesetz garantiert – beschnitten wird, beginnt der schleichende Tod des Fortschritts: und damit der Anfang vom Ende unserer Zivilisation. Statt Fortschrittsskepsis brauchen wir Fortschrittsbegeisterung. Noch zu Kolumbus' Zeiten hielten viele Menschen die Erde für eine Scheibe, an deren Rand man herunterfällt. Wo wären wir heute, wenn Kolumbus wegen solcher Bedenken auf seine Reise verzichtet hätte? Was wäre, wenn unsere Urgroßeltern auf den Einsatz der damals sehr riskanten Dampfkesseltechnik verzichtet hätten? Wie sähe unsere Welt heute aus, wenn wir niemals zum Mond aufgebrochen wären? Vor allem aber müssen wir uns heute fragen: Wie sollen wir in naher Zukunft neun oder zehn Milliarden Menschen auf der Welt ernähren, wenn in den Forschungslaboren schon die Frage nach gentechnisch veränderten Lebensmitteln verboten ist – mit Verweis auf die vermeintlich unkalkulierbaren Risiken der Technologie? Oder wie können wir künftig unseren Energiebedarf decken, wenn weder Windräder die Ruhe bzw. das Landschaftsbild stören sollen noch die Nutzung von Schiefergas erlaubt ist?

In diesen und vielen anderen Fällen geht es nicht darum, die Risiken zu sehen oder sie zu ignorieren. Es geht darum, einen realistischen Umgang mit diesen Risiken zu finden, einen Umgang, der auf Fakten und Wissen beruht und nicht auf Emotionen oder Halbwissen. Es geht um die Frage: Wie viel Risiko wollen wir eingehen? Was halten wir mit Blick auf Eintrittswahrscheinlichkeit und Schwere eines möglichen Schadens noch für vertretbar, wenn wir auf der anderen Seite auch den Nutzen erwägen? Und: Welche Risiken wollen wir tatsächlich lieber nicht eingehen?

Das sind schwierige Diskussionen und schwerwiegende Entscheidungen. Wir sollen und dürfen sie uns nicht leicht machen. Vor allem aber darf es nicht darum gehen, zuerst Ängste zu schüren, um dann vermeintlich risikolose Szenarien als Lösung anzubieten. Nach dem Motto: Je mehr Verzicht, desto weniger Risiko. Wer so denkt, erinnere sich an das Regenschirmrisiko. Aufrichtige Kommunikation über Risiken muss immer auch über die Risiken des Nichthandelns informieren. Sie muss fragen: Was kostet es uns, wenn wir den Regenschirm nicht mitnehmen? Also: Was kostet es uns, wenn wir beispielsweise die Entwicklung und Anwendung der Gentechnologie in unserem Land weitgehend verbieten? Was bedeutet es auf lange Sicht für den Innovationsstandort Deutschland und für seinen Wohlstand, wenn wir Führungspositionen in der Genforschung aufgeben und wenn zahlreiche Wissenschaftler sowie Praktiker der Technologie in andere Länder, insbesondere in die USA, auswandern?

Man denke nur an die Genkartoffel: BASF, immerhin das größte Chemieunternehmen der Welt, verlegt seine Grüne-Gentechnik-Sparte in die USA, weil die entsprechende Forschung hier in Deutschland nicht akzeptiert wird. Die Nanotechnologie ist ein anderes Beispiel. So hat der Sachverständigenrat für Umweltfragen festgestellt, dass es keine wissenschaftlichen Erkenntnisse oder Nachweise für die These gibt, Nanomaterialien würden Umwelt oder Gesundheit schädigen. Trotzdem hat ebendieser Sachverständigenrat die Rechtsfigur der »abstrakten Besorgnis« konstruiert. Sie soll als Grundlage für vorauseilende Verbote und Beschränkungen dienen. Der aus solchen Vorgängen resultierende volkswirtschaftliche Schaden ist zwar schwer zu beziffern, er dürfte aber immens sein. Und es stellt sich die Frage: Rechtfertigt das objektive technologische Risiko einen solchen Schaden? Wohl nicht. Schließlich hätte die Regulierung ihren Ursprung in einem subjektiven Risikoempfinden – eben jener »abstrakten Besorgnis«, die sich in Teilen der Gesellschaft immer mehr vom tatsächlichen technologischen Risiko entfernt.

In einer offenen Gesellschaft wird es auf derartige Fragen niemals eine Antwort geben, der alle zustimmen. Das ist auch nicht nötig, nicht einmal wünschenswert. Worauf es jedoch sehr wohl ankommt, ist die Frage, auf welche Weise die öffentliche Diskussion geführt wird. Und hier hat es die Chemie besonders schwer – schon lange bevor etwa die Gentechnik ins Spiel gekommen ist. Doch es gibt noch zahlreiche andere Beispiele für die verbreitete Innovationsskepsis in unserem Land: Die Themen reichen vom Transrapid über die Handystrahlung bis hin zum Ausbau der Stromnetze. Immer wieder wird der Diskurs über neue Technologien eher vom Blick auf mögliche Gefahren dominiert als von einer Würdigung der Chancen.

Richtig ist aber auch: Es sind nicht so sehr die Bürger selbst, die sich mehrheitlich sorgen, wenn es um neue Technologien geht. »German Angst« ist vielmehr vor allem ein mediales und politisches Phänomen. Laut einer Studie des Stuttgarter Techniksoziologen Ortwin Renn fürchten sich nur fünf bis neun Prozent der Deutschen tatsächlich grundlegend und durchgehend vor moderner Großtechnik. Selbst die ambivalent Eingestellten, die sich je nach Verlauf der öffentlichen Diskussion mal auf die eine, mal auf die andere Seite schlagen, machen nur rund 20 Prozent aus. Denn natürlich sind die Deutschen ja keineswegs technikfeindlich, wenn es um neue Automodelle oder um die Unterhaltungsindustrie geht. Auch mit dem Alter oder der Gesinnung hat Technologieskepsis weniger zu tun, mehr schon mit den eigenen Lebensumständen. Etwa dann, wenn eine industrielle Versuchsanlage nicht in 100 Kilometer Entfernung gebaut werden soll, sondern direkt vor dem eigenen Wohnzimmerfenster. In diesem Fall folgt die Skepsis dann dem »NIMBY«-Prinzip – »Not in my backyard«. Und ganz offenbar hängt sie auch damit zusammen, ob man zu den gefühlten Gewinnern oder Verlierern einer neuen Technologie gehört. Die gefühlten Verlierer aber erhalten in den Medien oft viel Raum für die Darstellung ihrer Positionen, weil diese in der Regel mehr an »kritischen« Berichten interessiert sind. Und das – auch dies haben die Stuttgarter Soziologen herausgefunden – funktioniert eben umso besser, je »undurchsichtiger« eine Technologie ist.

Schon alleine deshalb ist die Chemie von diesem Problem vergleichsweise häufig betroffen. Jeder weiß zwar aus der Schule: Chemie ist überall, und alles ist Chemie. Aber aus derselben Zeit haben eben viele auch die Erinnerung mitgenommen, dass Chemie komplex und nicht leicht zu durchschauen ist. Und schon im Mittelalter galten jene, die sich mit solch undurchsichtiger Materie befassten, selbst als »undurchsichtig«. Nicht von ungefähr gerieten etwa die Alchemisten schnell ins Visier kirchlicher Autoritäten und Glaubenshüter.

Auch wer heute öffentliche Diskussionen verfolgt, kann sich mitunter des Eindrucks nicht erwehren, dass die aufgeklärte Vernunft seit den Tagen der Alchemie keine allzu großen Fortschritte gemacht hat. Schnell verwandelt sich der Technologieskeptiker in den Wutbürger. Zwar wissen heute mehr als drei Viertel der Menschen in Deutschland, dass ihr modernes Leben ohne Chemie undenkbar wäre. Vom PVC-Fußbodenbelag bis zur Zahnpasta, vom PC bis zur Marssonde – das alles wäre ohne Chemie nicht vorhanden. In einer Umfrage des Verbands der Chemischen Industrie (VCI) gaben im Juli 2012 deshalb 77 Prozent der Befragten zu Protokoll, dass die Chemie wichtig für Wirtschaft und Wohlstand sei. Und die Akzeptanz der Branche stieg auf 71 Prozent, während es 1986 kurz nach dem Sandoz-Störfall weniger als 40 Prozent waren. Doch das Verhältnis vieler Menschen zur Chemie bleibt dennoch häufig von einem diffusen Misstrauen geprägt. Das Wissen um den Nutzen der Chemie wird überlagert von den Befürchtungen, die sich um ihre tatsächlichen oder vermeintlichen Risiken ranken. Noch im Jahr 2008 jedenfalls assoziierten 35 Prozent der Befragten mit Chemie das Wort »Unfall«.

Allerdings ist voreilige Kritik an diesem Misstrauen ebenfalls fehl am Platz. Denn nachhaltiger und tiefer als alle Segnungen einer Technologie bzw. Industrie wirken offenbar die Erinnerungen an ihr Versagen. Seveso, Bhopal oder Sandoz – diese Namen, verbunden mit den erschütternden Fernsehbildern der damaligen Zeit, haben im kollektiven Gedächtnis der Gesellschaft ihre Spuren hinterlassen. Als Chiffren menschlichen und/oder technischen Versagens sind sie die Vorzeichen, unter denen bis heute Chancen und Risiken neuer Technologien diskutiert werden. Dieser negative Nachhall findet seine Begründung nicht etwa in einem spezifischen Unvermögen der deutschen Gesellschaft, traumatische Eindrücke zu bewältigen. Er findet seine Begründung vielmehr in der schlichten Tatsache, dass industrielle Chemieproduktion in der Vergangenheit eben wirklich von tragischen Unfällen bzw. Folgeerscheinungen begleitet war. Und es zeigt sich daran: Einmal zerstörtes Vertrauen ist nur schwer wieder zurückzugewinnen. Dabei spielt es für das kollektive Gedächtnis kaum eine Rolle, wenn sich im Nachhinein die strukturelle Einmaligkeit eingetretener Unfälle herausstellt. Sowohl der Chemieunfall von Bhopal als auch die anderen Tragödien waren auf spezifisches menschliches oder technisches Versagen im jeweils individuellen Kontext zurückzuführen. Eine Wiederholung vergleichbarer Unglücke in strukturell vergleichbaren Anlagen war und ist mithin vernünftigerweise nicht automatisch zu befürchten.

Dennoch sind die irrationalen Befürchtungen der Menschen nicht einfach mit dem Verweis auf mangelnde Rationalität aus der Welt zu schaffen. Es gilt vielmehr, für sie Verständnis aufzubringen – auch und erst recht unter den

Bedingungen der modernen Mediendemokratie, die eine Artikulation dieser Bedenken nicht nur ermöglicht, sondern nicht selten sogar fördert. Denn selbst dieser Umstand ist zunächst und vor allem – so störend er zuweilen aus fachlicher Perspektive erscheinen mag – ein Ausdruck gesellschaftlichen Fortschritts. Wir dürfen annehmen, dass auch die explodierenden Dampfkessel der frühen Industrialisierung oder die vielfach zitierten Unfälle der ersten Eisenbahnen zu ihrer Zeit mehr Menschen gegen den technischen Fortschritt aufgebracht hätten, wären die Möglichkeiten der gesellschaftlichen Teilhabe und Artikulation damals jene gewesen, die uns heutigen Generationen – den vorangegangenen sei Dank – zur Verfügung stehen. Ein Grund, sich die eher autoritären Machtstrukturen im Verhältnis von Staat und Bürger aus den Tagen der Großeltern zurückzuwünschen, ist das nicht.

Was wir stattdessen brauchen, ist mehr konstruktiver Dialog zwischen allen, die guten Willens sind. Wichtig ist auch die Bereitschaft in Politik, Wirtschaft und medialer Öffentlichkeit, anhand von Fakten und gesicherten Informationen miteinander all jene Themen zu diskutieren, die über unser aller Wohlergehen und unser aller Wohlstand in der Zukunft entscheiden. Das erfordert Geduld und Übung in der Kunst des gegenseitigen Zuhörens, den Verzicht auf vorschnelle gegenseitige Schuldzuweisung, aber auch die Abkehr vom Denken in den Freund-Feind-Schablonen vergangener Jahrzehnte. Und vor allem brauchen wir ein Diskussionsklima, das geprägt ist von gegenseitigem Respekt und in dem die Befürchtungen und Ängste der einen ebenso ernst genommen werden wie die Aufrichtigkeit in den Bemühungen der anderen.

Gerade die deutsche Chemieindustrie muss sich in dieser Hinsicht nicht verstecken. Spätestens mit den genannten Tragödien hat ein fundamentales Umdenken eingesetzt. Bis dahin unterschätzte Risiken wurden seitdem gründlich analysiert und kontinuierlich minimiert. Auf diese Weise entwickelte sich bis heute ein umfassendes System der Selbstverpflichtung sowie der systematischen Erfüllung neuer gesetzlicher Vorgaben, das nunmehr als international vorbildlich gilt.

Die Ergebnisse sind beachtlich. Die Zahl der Chemieunfälle in Deutschland bzw. bei deutschen Unternehmen in aller Welt geht kontinuierlich zurück: 25 waren es 1999, sechs pro Jahr sind es zehn Jahre später. Hinzu kommt, dass auch die ökologisch belastenden Nebenwirkungen chemischer Produktion immer geringer werden. Steigende Energieeffizienz, verbesserte Produktionsprozesse sowie Abwasser- und Abluftreinigung haben dazu weitreichende Beiträge geleistet. Die Wasserqualität im Rhein etwa – seit jeher die Lebensader der deutschen Chemieindustrie – hat sich seit 1960 dramatisch verbessert. An den Abwässern der chemischen Produktionsstätten zwischen Basel und Rotterdam verendet heute kein einziger Fisch mehr. Stattdessen werden im Rhein wieder Lachse geangelt.

Wenn sich aufstrebende Volkswirtschaften wie China heute um die Ansiedlung insbesondere deutscher Chemieproduktionen bemühen, dann auch deshalb, weil die Verantwortlichen dort wissen, dass sie auf diese Weise nicht nur höchstmögliche Qualität, sondern auch höchstmögliche Sicherheit und bestmöglichen Umweltschutz ins Land holen. Die nationalen Lektionen, die wir gestern gelernt haben, helfen insofern heute mit, unseren Vorsprung im internationalen Wettbewerb zu sichern. Es ist deshalb richtig, wenn wir den Weg der Verantwortung auch in Zukunft weitergehen.

Die deutsche Chemieindustrie setzt dazu weiter auf das Prinzip Nachhaltigkeit. Mit der Initiative »Chemie^3« zum Beispiel, die Unternehmer, Arbeitgeber und Gewerkschaft gemeinsam ins Leben gerufen haben. Im Dreiklang aus Ökonomie, Ökologie und sozialer Verantwortung bündelt sie alle bisherigen Anstrengungen der Chemie und soll Ansporn und Hilfe für alle in der Branche sein, Nachhaltigkeit im Tagesgeschäft zu leben. »Chemie^3« ist insofern die konsequente Fortsetzung und Erweiterung des seit zwei Jahrzehnten bewährten industrieweiten Programms RESPONSIBLE CARE™ (RC) für die kontinuierliche Verbesserung von Gesundheitsschutz, Umweltschutz, Sicherheit und Security in den Chemieunternehmen weltweit. Dabei verpflichten sich die Unternehmen, durchweg mehr zu tun, als gesetzlich von ihnen verlangt wird; sie kooperieren mit dem Umweltprogramm der Vereinten Nationen ebenso wie mit der EU-Kommission. Allein in Deutschland beteiligen sich über 800 Firmen am jährlichen RC-Bericht. Sie repräsentieren rund 90 Prozent aller Beschäftigten in der chemischen Industrie. In der Praxis sind zahlreiche innerbetriebliche Anstrengungen notwendig, um den nationalen und internationalen Anforderungen des Programms zu genügen. Die Einführung von Managementsystemen und die Erhebung von Kennzahlen gehören ebenso dazu wie die Nachvollziehbarkeit von Daten und Zahlen – und natürlich zahllose kontinuierliche Verbesserungen der betrieblichen Praxis im Sinne der Nachhaltigkeit: von der Sicherheit bei Rohrleitungen über die Unfallvermeidung in Transport und Logistik bis hin zu Recycling-Initiativen für Kunststoffreste.

Darüber hinaus setzt die deutsche Chemieindustrie auch weiterhin auf ein systematisches Risikomanagement für gefährliche Stoffe und engagiert sich für deren Erfassung im Rahmen des europäischen Registrierungsprogramms REACH. Allein die deutschen Unternehmen haben bis Ende 2013 insgesamt rund 9800 Registrierungen für mehr als 4200 verschiedene Stoffe durchgeführt und entsprechende Dossiers angefertigt, die über das Internet öffentlich zugänglich sind. Sie umfassen unter anderem Angaben zu den chemischen und physikalischen Eigenschaften der registrierten Stoffe sowie zur Toxizität für Mensch und Umwelt. Aufgeführt ist auch, in welchen Mengen (in Tonnen pro Jahr) diese Stoffe in der EU vermarktet werden. Damit steht eine weltweit in dieser Form einzigartige Datenbasis zur Verfügung, mit deren Hilfe das Wissen über die toxischen Wirkungen industriell eingesetzter Chemikalien nach und nach vergrößert wird. Zugleich leistet die Datenbank einen Beitrag zur Demokratisierung des Risikowissens und zur sachlichen Aufklärung.

Vor allem aber bekennt sich die deutsche Chemieindustrie weiterhin zu den drei Basisprinzipien des verantwortlichen industriellen Handelns: zum Verursacherprinzip, zum Vorsorgeprinzip und zum Prinzip der Verhältnismäßigkeit.

Das *Verursacherprinzip* besagt, dass die volkswirtschaftlichen bzw. sozialen Kosten wirtschaftlicher Aktivitäten oder Unterlassungen von ihrem Verursacher zu tragen sind.

Das *Vorsorgeprinzip* reduziert Risiken systematisch, weil es darauf abzielt, auch bei noch fehlender Gewissheit bezüglich Art, Ausmaß oder Eintrittswahrscheinlichkeit von möglichen Schadensfällen vorbeugend zu handeln, um mögliche Schäden von vornherein zu vermeiden. In der Praxis der Chemieindustrie bedeutet das zum Beispiel, dass sich die Unternehmen freiwillig und im globalen Maßstab über Beschaffenheit und Risiken der von ihnen hergestellten und gehandelten Produkte verständigen. Die »Global Product Strategy« des Weltchemieverbands etwa leistet dazu einen zentralen Beitrag. Ihr Anliegen ist es, die großen Unterschiede im Chemikalienmanagement zwischen Entwicklungs-, Schwellen- und Industrieländern zu verringern und so mehr Produktsicherheit und gleichzeitig faire Spielregeln für den Wettbewerb auf globaler Ebene zu schaffen. In einer Zeit globalisierter Warenströme muss sich auch die Produktverantwortung möglichst global definieren. Ein anderes Beispiel sind die zahlreichen freiwilligen Grenzwertunterschreitungen, mit denen die Chemieindustrie strengere Maßstäbe an die eigenen Produkte anlegt, als es der Gesetzgeber tut.

Das *Prinzip der Verhältnismäßigkeit* schließlich muss diese Ansprüche gegenüber den legitimen Gestaltungsansprüchen des Unternehmens balancieren. Hier gilt es darauf zu achten, dass staatliche Eingriffe in die unternehmerische Handlungsfreiheit stets angemessen bleiben. Dirigistische Detailregelungen des Gesetzgebers, wie sie in Deutschland leider immer wieder an der Tagesordnung sind, sollen durch die konsequente Anwendung des Grundsatzes der Verhältnismäßigkeit ausgeschlossen werden, um auf diese Weise die Eigenverantwortlichkeit der Unternehmen zu stärken.

Vor allem diese Eigenverantwortlichkeit ist notwendig, um öffentliches Vertrauen zu gewinnen, ohne das wirtschaftlicher Erfolg auf Dauer nicht denkbar ist. Denn nicht nur die Politik, auch die Wirtschaft ist in einer offenen Gesellschaft auf ihre soziale »Licence to Operate«, also die Akzeptanz ihres Handelns und ihrer Produkte, angewiesen. Wer in der Chemieindustrie verantwortlich tätig ist, der weiß: Geschenkt bekommt man dieses Vertrauen nicht. Man muss darum werben: zum einen mit guten Argumenten, vor allem aber mit guter Leistung. Deshalb ist es so wichtig, dass die Erfolge der Chemie öffentlich Beachtung finden. Und zwar nicht nur die Erfolge innerhalb der Unternehmen, sondern ganz besonders auch die Beiträge, die die Chemieindustrie zum Umwelt- und Klimaschutz leistet oder zu einem guten Leben für alle. Vom Biosprit, der ohne Chemie ebenso wenig denkbar wäre wie Solarzellen und Windräder, über energiesparende Beleuchtung bis zum rollwiderstandsoptimierten Reifen. Die Chemie trägt auf diese Weise ihren Teil zur Lösung der globalen Probleme bei, nicht zuletzt weil sie auf ein langfristig ausgerichtetes, nachhaltiges Geschäftsmodell setzt. Die Bankenkrise hat auf anderer Ebene gezeigt, dass nur die Unternehmen langfristig erfolgreich sind (und so langfristig ihren Teil als gesellschaftlicher Akteur und Steuerzahler beitragen können), deren Geschäftsmodell über das »Fahren auf Sicht« hinausgeht.

Notwendig ist, dass auch die Entscheidungsträger in Politik und Gesellschaft sowie die Macher und Multiplikatoren öffentlicher Meinung diese Fakten noch stärker würdigen. Und sie sollten, jeder in seinem Bereich, der Technik im Allgemeinen und der Chemietechnologie im Besonderen einen festen Platz in unserem Bildungs- und Meinungssystem zuweisen. Denn nur das Unbekannte macht Angst. Wer sich hingegen mit Technik und Naturwissenschaften auskennt, hat weniger mit irrationalen Befürchtungen zu kämpfen. Eine Stärkung des Ansehens und der Intensität entsprechender Bildung und Information ist insofern dringend zu wünschen. Vor allem deshalb unterstützt die deutsche Chemieindustrie entsprechende Initiativen quer durch alle gesellschaftlichen Bereiche. Allein der Fonds der Chemischen Industrie, das Förderwerk der Branche, unterstützt mit über 13 Millionen Euro jährlich die Grundlagenforschung, den wissenschaftlichen Nachwuchs sowie den Chemieunterricht an Schulen. Wichtig dabei ist, dass die Förderung allein auf dem Leistungsprinzip basiert und kein Einfluss auf Forschungsthemen genommen wird, denn erfolgreiche Chemie, als Wissenschaft ebenso wie als Industrie, braucht nicht nur Kompetenz, um ihren Beitrag auf Dauer leisten zu können – sie braucht auch eine Kultur der Freiheit, der Offenheit und des Vertrauens sowie der Begeisterung für Innovation. Zunehmend tut sich aber eine Kluft in der wissenschaftlichen Kultur auf. Die Wissenschaft wird immer spezieller, verarbeitet immer mehr, leistet auch immer mehr. Die Wissenschaftsumgebung hingegen wird banaler, bürokratischer und ängstlicher. Das ist eine falsche und vor allem schädliche Entwicklung. Stattdessen sollte die Wissenschaft selbst wieder ins Zentrum der Wissenschaftskultur gerückt werden. Und dazu gehört eben auch, Risiken zuzulassen. Die Wissenschaft muss auch Fehler machen dürfen, denn Fehler führen weiter. Gerade die Geschichte der Chemie ist voll von entsprechenden Beispielen – von der eher zufälligen Entdeckung des Penicillins bis hin zur Nutzung der Teerfarben. Wir brauchen deshalb auch das Recht auf Irrtum für die Wissenschaft.

Das alles gilt in besonderem Maße für die Grundlagenforschung in den Chemielaboren. Ideen, die dort heute im Experiment geprüft werden, können schon morgen in

Produkte münden, die unsere Welt verändern. Sachfremde Risikoscheu und vorschnelle Reglementierung wie bei der »Genkartoffel« oder der Nanotechnologie sind so gesehen Fortschrittsbremsen ersten Ranges. »Die Gedanken sind frei« sollte auch für die Forschung gelten. Fortschritt ohne Freiheit der Wissenschaft ist undenkbar. Und: Diese Freiheit bleibt immer ein Wagnis.

Mit der Chemie ist es deshalb wie mit dem Regenschirm: Sobald sie da ist, kann man nicht mehr risikofrei leben. Das stimmt. Aber das ist nicht nur kein Problem, es ist eine Chance: im Fall der Chemie eine der größten Chancen, die wir haben. Wir sollten sie entschlossen nutzen – vor allem durch die Förderung chemischer Forschung und Entwicklung.

Kurz gesagt:
In einer freien, offenen und fortschrittsfreundlichen Gesellschaft ist ein Leben ohne Risiken nicht möglich. Risiken sind die Begleiterscheinung von Selbstbestimmung und Freiheit des Individuums, aber auch die Voraussetzung für den Erwerb von neuem Wissen durch Forschung. Deshalb ist auch die Chemie nicht ohne Risiken – dies allerdings verantwortungsvoll kalkuliert und im Dienste der Menschheit.

X FORSCHUNG MIT ENTWICKLUNG

Weshalb Innovationen der Schlüssel zum Fortschritt sind

Im 18. Jahrhundert schien das Schicksal der Menschheit besiegelt. Sozialphilosophen schauten besorgt auf die demografische Entwicklung und erkannten im Anstieg der Weltbevölkerung eine Bedrohung für den allgemeinen Wohlstand. Man begründete das mathematisch: Die Nahrungsmittelproduktion würde sich in den nächsten Jahrzehnten linear entwickeln, die Bevölkerung aber exponentiell wachsen. Als Folge prognostizierte man steigende Preise und sinkende Reallöhne, warnte gar vor einer Massenverelendung. Der Ökonom Thomas Robert Malthus sprach von einer regelrechten »Bevölkerungsfalle« und prophezeite jedem Nachgeborenen: »Bei dem großen Gastmahle der Natur ist durchaus kein Gedecke für ihn gelegt.« Und weiter: »Die Natur gebietet ihm abzutreten, und sie säumt nicht, selbst diesen Befehl zur Ausführung zu bringen.«

Das war glücklicherweise ein Irrtum. Heute leben bereits mehr als sieben Milliarden Menschen auf der Welt, schätzungsweise sechs Milliarden mehr als im 18. Jahrhundert. Und obwohl es noch nicht gelungen ist, alle Hungersnot einzudämmen, wirken die Ausführungen von Malthus heute wie eine abstruse Randnotiz der Geschichte. Die Industrialisierung hat das Problem gelöst. Durch die synthetische Herstellung von Dünge- und Pflanzenschutzmitteln, die Verbesserung von Saatgut und die Maschinisierung der Landwirtschaft hat sich die Nahrungsmittelproduktion an das Bevölkerungswachstum angepasst. Die Welt ist der von Malthus vorhergesagten »Bevölkerungsfalle« entgangen. Mehr noch: Der allgemeine Wohlstand zu Beginn des 21. Jahrhunderts übertrifft die Lebensqualität am Ende des 18. Jahrhunderts bei Weitem, und das bei deutlich höherer Bevölkerungszahl.

Der Blick in die Geschichte zeigt uns aber trotzdem: Immer wieder wird die Gesellschaft vor große Herausforderungen gestellt, für die sie neue Lösungen finden muss. Immer wieder gilt es, Herausforderungen mit Innovationen zu begegnen, die mit einem völlig neuartigen Konzept das Alte überwinden. Das Sprichwort »Not macht erfinderisch« hat hier seinen Ursprung. In einem übertragenen Sinne ist es das Leitmotiv jeder Innovation.

Auch heute müssen wir uns entwickeln. Das stetige Wachstum der Weltbevölkerung stellt unsere Gesellschaft weiter vor große Herausforderungen: Im Jahr 2030 sollen 8,3 Milliarden Menschen die Erde bevölkern – ein Zuwachs, der größer ist als die gesamte Weltbevölkerung zu Malthus' Zeiten.

Verschiedene Megatrends (siehe auch Kapitel IV) setzen dabei auf politischer, sozialer und wirtschaftlicher Ebene Transformationsprozesse in Gang, die alle Weltregionen und Akteure betreffen. Dazu gehören

- *Ernährung und Landwirtschaft:* Immer mehr Menschen müssen versorgt werden, bei gleichzeitig immer knapper werdenden Anbaumöglichkeiten, zum Beispiel aufgrund der Flächenkonkurrenz mit Energie- oder Futterpflanzen oder aufgrund von Flächenverlusten durch Versiegelung.

- *Gesundheit:* Die allmähliche Überalterung der Gesellschaft und das gleichzeitige Bevölkerungswachstum erfordern immer mehr medizinische Vor- und Fürsorge.
- *Mobilität:* Immer mehr Menschen erreichen ein bestimmtes Wohlstandsniveau und wünschen sich individuelle Mobilität.
- *Urbanisierung:* Zum ersten Mal in der Menschheitsgeschichte leben heute mehr Menschen in der Stadt als auf dem Land – und dieser Trend nimmt weiter zu.
- *Energie und Umwelt:* Alle diese Entwicklungen müssen umweltverträglich, energie- und ressourcenschonend gestaltet werden.

Landwirtschaft, Gesundheit, Mobilität, Urbanisierung, Energie und Umwelt – auf all diesen Feldern wird unsere Gesellschaft herausgefordert, auf all diesen Feldern braucht sie Innovationen als neue Lösungen für neue Probleme. Hier ist die Industrie gefragt, genauer: industrielle Forschung und Entwicklung.

Innovationen in der Industrie entstehen aber nicht von selbst. Selbst der hellste Geistesblitz eines Forschers nützt wenig, wenn die Idee nicht entwickelt und in nützliche Produkte umgesetzt wird. Wenn am Ende tatsächlich eine Innovation dabei herauskommen soll, müssen mehrere Stufen erklommen werden:

In der Grundlagenforschung werden auf breiter Front wissenschaftliche Prinzipien untersucht, um eine Entscheidungsgrundlage für aktuelle gesellschaftliche Probleme zu schaffen. Das können psychologische Erkenntnisse sein, die später der Personalarbeit zugutekommen, kulturelle Einsichten, die auf internationale Märkte angewandt werden, aber auch – vor allem in der chemischen Industrie – naturwissenschaftliche Ergebnisse, die den Anstoß zu neuen Produkten oder Verfahren geben. Grundlagenforschung findet hauptsächlich an den Hochschulen statt, wird aber auch durch andere gemeinnützige Institutionen wie die Max-Planck-Gesellschaft oder die Fraunhofer-Gesellschaft betrieben. Um beispielsweise Medikamente herzustellen, ist chemisch-medizinische Forschung erforderlich, die das Zusammenwirken von Organismus und Substanz untersucht.

Bei der anwendungsorientierten Forschung und der Technologieentwicklung wird das Grundlagenwissen zur praktischen Problemlösung verwendet. Im technologischen Bereich kommt hier oft schon die Industrie ins Spiel, etwa bei Ingenieursleistungen im Maschinenbau. Häufig sind hier auch Fachhochschulen aktiv, weshalb viele den Zusatz »University of Applied Sciences« im Namen tragen. Im pharmazeutischen Bereich entwickelt man auf der Grundlage chemischer und medizinischer Erkenntnisse beispielsweise Substanzen für die Bekämpfung von Krankheitserregern.

Die Vorentwicklung beschäftigt sich anschließend mit der serien- und marktorientierten Produktentwicklung. Produktkonzepte werden entworfen, Funktionsmuster entwickelt und Technologien auf Umsetzbarkeit geprüft. In diesem Bereich arbeiten viele Unternehmen mit einem eigenen Innovationsmanagement, das neue Forschungsergebnisse auf Nutzbarkeit und Kompatibilität zum Produktportfolio prüft. Ein Pharmaunternehmen untersucht dann beispielsweise, wie es neuartige Substanzen zu zertifizierten Arzneimitteln entwickeln kann.

Die Produkt- und Prozessentwicklung schließlich gießt alles in eine Form und überführt die bisherigen Erkenntnisse und Ergebnisse in Innovationen, die ein bestehendes Problem aus der Welt schaffen sollen: als Strategie eines Unternehmens, Arbeitsablauf einer Belegschaft, Fertigungsprozess einer Fabrik oder eben als fertiges Medikament auf dem Markt.

Diese vier Stufen zur Innovation sind nicht immer scharf zu trennen, aber im Ganzen notwendig. Ein nicht zu unterschätzender Faktor ist dabei übrigens die öffentliche Akzeptanz. Damit Innovationen ihre verändernde Kraft voll entwickeln können, wird ein gesellschaftlicher Konsens benötigt, der keine der vier Stufen blockiert. Denn nicht alle Innovationen sind erwünscht, manchmal aus guten, manchmal aus weniger guten Gründen. Die Amflora-Kartoffel von BASF beispielsweise wurde durch Grundlagenforschung der Genetik möglich, durch BASF entwickelt – dann aber aufgrund schwer nachvollziehbarer Vorbehalte verhindert und verboten. Die innovative Kraft dieser Entwicklung, nämlich eine ressourcenschonende Quelle für Kartoffelstärke, wurde auf diese Weise ausgebremst. Ein Beispiel, wie es nicht laufen sollte.

Von solchen Rückschlägen dürfen sich die Unternehmen aber nicht abhalten lassen. Sie müssen stattdessen stetig in Forschung und Entwicklung investieren. Das Erforschen und Entwickeln von Innovationen hat in der deutschen Industrie einen hohen Stellenwert. Es ist ein elementarer Bestandteil vieler Unternehmen und eine wichtige Grundlage für ihre weltweite Wettbewerbsfähigkeit. Im gesamten Wirtschaftssektor gibt es in diesem Bereich mittlerweile mehr als 350 000 Arbeitsplätze, Tendenz steigend. Allein im Jahr 2012 hat die Wirtschaft rund 53,8 Milliarden Euro in die Forschung investiert und zusätzlich noch einmal gut 12,8 Milliarden für externe Aufträge aufgewendet.

Die Unternehmen agieren dabei oft auf mehreren der oben beschriebenen Stufen. Neben der Technologie-, der Produkt- und der Prozessentwicklung widmen sie sich nicht selten auch der Grundlagenforschung. Pharmaunternehmen beispielsweise arbeiten für ihre pharmazeutischen Entwicklungen eng mit Krankenhäusern und Universitäten zusammen, um zu neuen Behandlungsansätzen zu kommen. Bei solchen Kooperationen können neue Einsichten bei der Erforschung komplexer Krankheitsbilder direkt berücksichtigt und entsprechende Arzneien ohne Verzögerung an die Bedürfnisse der Patienten angepasst werden.

Letztlich sorgt eine solche Zusammenarbeit von Denkern und Machern für den industriellen Fortschritt: Wissenschaftler kommen zu neuen Erkenntnissen, Ingenieure entwickeln auf dieser Grundlage neue Technologien und Produktmanager sorgen dafür, dass die Innovationen erfolgreich am Markt platziert werden und unsere Gesellschaft voranbringen. Dabei geht es nicht immer um Konsumgüter, sondern häufig auch um einen Produktivitätsfortschritt durch höhere Effizienz: mehr Produktion in weniger Zeit und mit weniger Ressourcen. Ganz ähnlich wie seinerzeit in der Landwirtschaft, als die von Malthus angekündigte Massenverelendung durch industrielle Effizienz in der Nahrungsmittelproduktion abgewendet werden konnte.

Die heutige herausragende Stellung Deutschlands in der Welt ist nicht zuletzt auch auf seine Stärke als Forschungsstandort zurückzuführen. Auf dem Weltmarkt sind die Innovationen der Differenzierungsfaktor der deutschen Wirtschaft. Kunden in aller Welt sind bereit, einen hohen Preis für Produkte und Services »Made in Germany« zu zahlen.

Dieses Wohlstandsfundament hat sich vor allem in der Finanzkrise bewährt. In einem Aufsatz mit dem Titel »How To Be More German« brachte der britische Wirtschaftsjournalist Matthew Gwyther diesen Vorteil auf den Punkt: »They make things« – die deutsche Industrie produziere bleibende Werte und innovative Erzeugnisse. Erzeugnisse, die ihren Wettbewerbern oft eine Nasenlänge voraus sind und uns in der Krise Stabilität gesichert haben.

Der Grund dafür ist ein effektives Zusammenspiel verschiedener Faktoren.

- Die starke Grundlagenforschung macht Deutschland zu einem Vordenker in vielen Disziplinen. International anerkannte Forschungseinrichtungen leisten weltweit bedeutende Arbeit, auf die Wirtschaft und Industrie immer wieder erfolgreich bauen können.
- Der deutsche Wirtschaftssektor bündelt deshalb auch einige besonders innovationsstarke Branchen, wie etwa die Automobilindustrie, die Elektroindustrie, den Maschinenbau, die Chemie- und Pharmaindustrie, aber in immer stärkerem Maße auch die Kommunikations- und Informationswirtschaft. Auf all diesen Gebieten ist Innovation eine der obersten Wettbewerbspflichten.
- Als erfolgreiche Exporteure vernetzen sich diese Industriezweige in die ganze Welt. Wie kaum ein anderes Land profitieren wir von der Multilateralität des Welthandels. Die einzelnen Branchen forschen, entwickeln und produzieren oft in unmittelbarer Marktnähe, sodass unsere Wertschöpfungsketten besonders belastbar und leistungsfähig sind.

- Diese Kooperation der einzelnen Unternehmen mit internationalen, aber auch nationalen Partnern macht die deutsche Wertschöpfung einzigartig. Das fruchtbare Zusammenspiel von Großunternehmen, Mittelständlern und Kunden ist ein Erfolgsmodell, um das man uns weltweit beneidet.

Die Chemie spielt in diesem Konzert eine bedeutende Rolle. Als einer der wichtigsten Zulieferer der fortschrittlichsten Branchen ist sie ein unverzichtbarer Innovationsmotor. Sie gehört in Deutschland zu den forschungsstärksten Industriezweigen. Im Jahr 2012 hat die Branche knapp zehn Milliarden Euro für Forschung und Entwicklung ausgegeben, das sind 17 Prozent der industriellen Gesamtausgaben. Besonders hoch sind dabei die Ausgaben der Pharmaunternehmen mit einem Anteil von fast 60 Prozent am Branchenvolumen. Die Innovationsfreude zeigt sich auch in der Personalstruktur. Seit 2009 ist die Zahl der Beschäftigten im Bereich Forschung und Entwicklung kontinuierlich angestiegen. Mittlerweile sind es schätzungsweise 43 000 Menschen, das heißt, zehn von 100 in der Chemiebranche Beschäftigten arbeiten in der Forschung. Entsprechend hoch ist der Bildungsgrad. Jedes Jahr werden etwa 600 fachspezifische Hochschulabsolventen eingestellt, davon rund 500 Chemiker und 100 Ingenieure.

Das alles zahlt sich aus: Zusammen mit den USA, Japan und China zählt Deutschland weltweit zu den führenden Chemienationen. Ein Zehntel der OECD-weiten Aufwendungen für chemische Forschung und Entwicklung werden allein in Deutschland getätigt. Jedes sechste Chemiepatent wird hierzulande angemeldet. Das macht die chemische

Forschung und Entwicklung zu einem wesentlichen Standortfaktor der deutschen Industrie. Sie sorgt dafür, dass Deutschland fortschrittlich und damit zukunftsfähig bleibt: als Wirtschaftsstandort, aber auch als Zivilgesellschaft mit Wohlstand und Wohlergehen.

Leider – das Beispiel der Genkartoffel hat es angedeutet – stoßen für die Gesellschaft notwendige, nützliche Innovationen in der Öffentlichkeit immer wieder auf Widerstand. Zwar ist man in Deutschland technischen Neuerungen gegenüber prinzipiell aufgeschlossen, allerdings werden gerade bei komplexen oder eher unbekannten Sachverhalten Ressentiments geschürt, die für Wachstum und Wohlstand hinderlich sind.

So unerfreulich das aus der Sicht der Industrie sein mag, so verständlich ist es auf einer menschlichen Ebene. Innovationen haben die unliebsame Eigenart, Altbewährtes infrage zu stellen und überwinden zu wollen. Fortschritt hat oft auch ein destruktives Element, getreu dem Motto: Der Feind des Guten ist das Bessere. Der österreichisch-amerikanische Ökonom Josef Schumpeter hat diese Erkenntnis zu Beginn des 20. Jahrhunderts als Prozess der »schöpferischen Zerstörung« beschrieben. Er charakterisiert damit den beständigen Wandel, dem unsere Kultur und damit auch unsere Wirtschaft unterworfen ist.

Sinn und Zweck dieser Destruktivität ist dabei die ständige Verbesserung und Anpassung an neue Umstände, um Wohlstand zu sichern oder zu steigern. Es hat einen Grund, weshalb es heute keine Harnischmacher und Schwertfeger mehr gibt, obwohl das einmal lukrative Handwerksberufe waren. Überholte Praktiken sterben aus oder werden preisgegeben, damit Innovationen ihren Platz einnehmen und die

Gesellschaft den neuen Herausforderungen gewachsen ist. So war es bei der Industrialisierung der Nahrungsmittelproduktion zu Beginn des 19. Jahrhunderts, und so ist es auch heute angesichts der demografisch vorangetriebenen Megatrends. Die konkrete Ursache für diesen Prozess kann dabei vielfältig sein: Ungereimtheiten in der Wertschöpfungskette, Notwendigkeiten im Arbeitsprozess, Veränderungen der Industrie- und Marktstrukturen, demografische Entwicklung, ein Wertewandel oder ganz allgemein neues Wissen.

Dabei ist natürlich klar, dass Innovationen kein Selbstzweck sind. Erfindungen sind nicht per se gut, nur weil sie neu sind. Auch hier hat die Vergangenheit gezeigt, dass Innovationen erst dann einen gesellschaftlichen Nutzen haben, wenn sie nachhaltig sind – also wirtschaftlichen, ökologischen und sozialen Fortschritt bringen. Gerät diese Trias aus der Balance, steht die Innovation zu Recht in der Kritik. Ein positives Beispiel dafür ist allen Unkenrufen zum Trotz die grüne Gentechnik. Durch genetische Verbesserung von Nutzpflanzen wird eine hohe Wirtschaftlichkeit erreicht, gepaart mit sinkender Umweltbelastung und steigender Effizienz in der Nahrungsmittelversorgung.

Daran erkennt man auch, dass die Gesellschaft ein Problem bekommt, wenn sich die Kritik an Innovationen ins Pauschale ausdehnt. Werden sie grundsätzlich in Acht und Bann getan, wird die Gesellschaft paralysiert. Angesichts zukünftiger Herausforderungen steht sie dann erstarrt wie das Kaninchen vor der Schlange. Dass das nicht das Ziel einer zukunftsorientierten Gesellschaft sein kann, liegt auf der Hand.

Gerade hierzulande wäre eine solche Einstellung fatal. Man würde damit grundlegende Prinzipien über Bord werfen, die Deutschland zu dem gemacht haben, was es heute ist: die viertgrößte Volkswirtschaft der Welt und ein international anerkannter Forschungsstandort, der durch industrielle Forschung und Entwicklung auf der Höhe der Zeit gehalten wird und diese Zeit auch gestaltet.

Deutschland kam und kommt dabei zugute, dass sich die Welt in den vergangenen Jahrzehnten zunehmend zu einer Wissensgesellschaft gewandelt hat. Als rohstoffarmes Land basiert unser Erfolg seit jeher auf der Innovations- und Schaffenskraft unserer Bürger. Schon vor einigen Jahren hat das britische Wirtschaftsmagazin »The Economist« festgestellt: »Talent is the new oil.« Die Sicherung unserer Innovationskraft ist deshalb eine zentrale Zukunftsaufgabe. Was wir nicht an Öl haben, müssen wir an Talenten fördern.

Für ein innovationsstarkes Deutschland brauchen wir deshalb exzellente Hochschulabsolventen, aber auch qualifizierten Nachwuchs aus der beruflichen Bildung. Außerdem müssen wir angesichts der demografischen Entwicklungen der Schwellenländer auch Hindernisse für Fachkräfte aus dem Ausland abbauen: indem zum Beispiel ausländische Abschlüsse umstandslos anerkannt und die Qualifikationen der ausländischen Fachkräfte mit unseren Ausbildungsstandards kompatibel gemacht werden.

Gerade im Bildungsbereich besteht noch erheblicher Verbesserungsbedarf, wie der internationale Vergleich zeigt: Auf dem weltweiten Innovationsindex 2013 steht Deutschland nur auf Platz 15. Zwar zahlt sich die öffentliche Förderung allmählich aus, aber es könnte durchaus noch besser werden. Verschiedene Chemieorganisationen wie der Bundesarbeitgeberverband Chemie, die Gesellschaft deutscher Chemiker, der Verband der Chemischen Industrie und die Industriegewerkschaft Bergbau, Chemie, Energie haben deshalb bereits zum Internationalen Jahr der Chemie 2011 ein Papier vorgelegt, das aktuelle bildungspolitische Entwicklungen und Diskussionen aufgreift. Im Zuge dieser »Bildungsinitiative Chemie« empfehlen die Verbände einige fortschrittsfördernde Maßnahmen: dass bereits im Kindergarten Interesse an den Naturwissenschaften geweckt werden soll, dass bereits an Grundschulen ein naturwissenschaftlich-technisch orientierter Sachunterricht stattfindet und dass die duale Berufsausbildung weiter gestärkt wird. Darüber hinaus müssen die Hochschulen international wettbewerbsfähig bleiben. Weitere Investitionen sind zwingend erforderlich, aber auch bürokratische Hindernisse müssen abgebaut werden. Das Kooperationsverbot zwischen Bund und Ländern ist in dieser Hinsicht ein Bremsklotz und sollte abgeschafft werden. Der Bund sollte endlich auch direkt in die Schulen investieren können, in Abstimmung mit den Ländern.

Dieses Engagement in der Bildung ist für die Branche übrigens nicht neu. Schon seit den 1950er Jahren fördert der Fonds der Chemischen Industrie den Chemieunterricht an Schulen, die Arbeit von Nachwuchswissenschaftlern und die Grundlagenforschung in Chemie und chemienahen Disziplinen. Die Fördermaßnahmen sind dabei vielfältig und reichen von der Breitenförderung in der Schule bis zur Spitzenförderung in der Hochschule. Mehr als 13 Millionen Euro werden mittlerweile jährlich für die Förderung der Grundlagenforschung, des wissenschaftlichen Nachwuchses und die Verbesserung des Chemieunterrichts zur Verfügung gestellt.

Für eine fortschrittliche Gesellschaft wie die deutsche sind solche Maßnahmen notwendig, denn sie haben zweierlei Auswirkungen: Erstens stärken sie die Innovationskraft der nachwachsenden Generation, und zweitens hilft diese Bildung, Ressentiments gar nicht erst entstehen zu lassen. Wer die Welt aus naturwissenschaftlicher Sicht beurteilen kann (siehe Kapitel II), hat weniger Angst vor der Forschung und sieht dementsprechend eher die Notwendigkeit von Fortschritt.

Damit solch ein Fortschritt aber nicht ziellos ist, müssen die zukünftigen Herausforderungen der Gesellschaft frühzeitig erkannt und politische Weichen entsprechend gestellt werden. Wie wird es um die Chemie und die deutsche Wirtschaft im Jahr 2030 bestellt sein? Und welche Maßnahmen sind auf der politischen Ebene zu ergreifen, damit es uns bis dahin besser und nicht schlechter geht? Das Marktforschungsinstitut Prognos hat hierzu im Auftrag des VCI eine Studie durchgeführt.

Im Grunde haben sich dabei zwei mögliche Zukunftsszenarien ergeben: ein innovationsfreundliches Szenario, bei dem die deutsche Exportwirtschaft ihre Wettbewerbsfähigkeit erhalten kann und weiterhin vom Wachstum der Schwellenländer profitiert. Dieses Szenario setzt voraus, dass Deutschland seinen Fortschrittswillen behält und aktiv Innovationen vorantreibt. Die andere Variante ist ein Szenario der zerrissenen Wertschöpfungsketten, bei dem die Wettbewerbsfähigkeit der Unternehmen (zum Beispiel in der Energiewende) vernachlässigt wird, Entlastungsregelungen sukzessive abgebaut werden und die Energie für die Unternehmen deutlich teurer wird, weil sie die komplette Last der Preiserhöhungen tragen müssen. Dazu kommen ein ineffizienter Mitteleinsatz bei der Technologieförderung, Skepsis gegenüber neuen Technologien und ein Fachkräftemangel.

Welcher Weg erstrebenswert ist, liegt auf der Hand. Ohne dass Deutschland an seiner Innovationskraft arbeitet und sich den Herausforderungen der Zeit stellt, wird dieser Weg nicht gelingen. Wenn aber die Rahmenbedingungen stimmen – daran lässt die Studie keinen Zweifel –, kann die Chemie in Deutschland einiges erreichen:

- Bis 2030 könnte das jährliche Forschungsbudget um weitere neun Milliarden auf dann fast 18 Milliarden Euro aufgestockt werden.
- Der Fokus würde sich auf hochwertige Spezialchemikalien verschieben, die besonders forschungsintensiv sind: Farben, Pflanzenschutzmittel, Spezialkunststoffe und verschiedene Konsumprodukte würden auf diese Weise verbessert.
- Die Energieeffizienz würde weiter erhöht werden: Selbst wenn die Produktion der chemischen Industrie bis 2030 tatsächlich um 40 Prozent wachsen sollte, würde der absolute Rohstoffverbrauch nur um 15 Prozent, der Energieverbrauch sogar nur um acht Prozent ansteigen.

Dies alles ist freilich nur in einem innovationsfreundlichen Klima möglich. Aber dafür müssen die politischen Weichen entsprechend gestellt werden. Wenn Deutschland tatsächlich wieder Lust am gesellschaftlichen Fortschritt hat, kann die Chemie viel dazu beitragen.

Kurz gesagt:
Unsere Gesellschaft wird ständig vor neue Herausforderungen gestellt, die immer neue Lösungsansätze erfordern. In einem bewährten Zusammenspiel aus Forschung und Entwicklung arbeitet die Industrie deshalb laufend an Innovationen, um diesen Herausforderungen zu begegnen. Die Voraussetzung dafür ist ein Innovationen gegenüber aufgeschlossenes gesellschaftliches Umfeld. Und die entschlossene Unterstützung durch die Politik. Nur so lässt sich die Innovationskraft Deutschlands halten und steigern. Damit Deutschland auch künftig wettbewerbsfähig bleibt.

ZUSAMMENFASSUNG

Seit Beginn des 19. Jahrhunderts ist Deutschland für die industrielle Chemie ein wichtiger Standort. Und die chemische Industrie ihrerseits spielt für Deutschland eine wichtige Rolle. Große Forscher, Erfinder und Unternehmer haben dafür gesorgt, dass zahlreiche chemische Innovationen der Moderne ihren Ursprung in deutschen Fabriken haben. Nicht zuletzt deshalb gelang Deutschland der Aufstieg zu einer weltweit führenden Industrienation. Eine Stellung, die wir dank der chemischen Industrie auch heute noch halten.

Chemie wird heute oftmals als »künstlich« und daher minderwertig oder gar schlecht verurteilt. Die Realität zeigt aber ein ganz anderes Bild. Denn die Chemie ist ein allgegenwärtiger Teil des täglichen Lebens. Sie ist überall, weil alles Leben chemischen Prozessen unterworfen ist. Auch der Mensch ist zu 100 Prozent Chemie.

Trotz ihrer Erfolge sieht sich die chemische Industrie heftiger Kritik an ihrer Rohstoffbasis ausgesetzt. Einige Kritiker fordern, petrochemische völlig zugunsten nachwachsender Rohstoffe aufzugeben. Eine solche Spaltung der Chemie in »gut« und »böse« widerspricht allerdings der Natur der Chemie und auch den Geboten der Wirtschaftlichkeit. Sie ist willkürlich. Denn was zusammengehört, soll man nicht mutwillig auseinanderreißen.

Die Megatrends Ernährung, Gesundheit, Mobilität, Urbanisierung, Umweltschutz und Energie bestimmen unsere

Zukunft. Bei der Suche nach Antworten auf die damit verbundenen Zukunftsfragen wird kein Weg an der chemischen Industrie vorbeiführen.

Eine erfolgreiche chemische Industrie braucht die richtigen Rahmenbedingungen. Das Prinzip der sozialen Marktwirtschaft hat Deutschland erfolgreich gemacht. Sie hat den freien wirtschaftlichen Wettbewerb in den Dienst des gesellschaftlichen Fortschritts gestellt. Die zunehmende staatliche Regulierung untergräbt dieses Prinzip allerdings immer mehr. Damit ist letztendlich auch der gesellschaftliche Fortschritt bedroht. Zukunftsorientierte Industriepolitik muss insbesondere die Wettbewerbsfähigkeit Deutschlands im Blick haben und die passenden Rahmenbedingungen für eigenverantwortliches Handeln schaffen.

Die Verbundstrukturen der chemischen Industrie sind maßgeblich für die Erfolge der gesamten industriellen Wertschöpfung in Deutschland verantwortlich. Daher ist es gefährlich, wenn hohe Strompreise oder politische Eingriffe diese Strukturen belasten. Die deutsche Gesellschaft muss stattdessen das Erfolgsmodell der industriellen Verbundwirtschaft verstehen, akzeptieren und fördern. Deshalb sollte auch hier im Verbund gearbeitet werden: im partnerschaftlichen Verhältnis zwischen Industrie und Politik.

Die Energiewende ist Risiko und Chance zugleich. Energieintensive Branchen wie die chemische Industrie sind darauf angewiesen, dass dieses Projekt erfolgreich gesteuert wird. Ein Scheitern hätte fatale Auswirkungen für den Standort Deutschland.

Seit über 40 Jahren ist in der chemischen Industrie nicht mehr gestreikt worden. Die lösungsorientierte Sozialpartnerschaft zwischen Arbeitnehmern und Arbeitgebern schafft sozialen und ökonomischen Mehrwert. In Wirtschaftskrisen hat sich diese Beziehung besonders bewährt. Die tarifpolitischen Vereinbarungen in der Chemie sind Vorbild für andere Industriezweige. Damit dieses Erfolgsmodell sozialer Gerechtigkeit aber auch in Zukunft funktioniert, darf der Staat die Gestaltungsfreiheit in der Sozialpartnerschaft nicht weiter einschränken.

In einer freien, offenen und fortschrittsfreundlichen Gesellschaft ist ein Leben ohne Risiken nicht möglich. Risiken sind die Begleiterscheinung von Selbstbestimmung und Freiheit des Individuums, aber auch die Voraussetzung für den Erwerb von neuem Wissen durch Forschung. Deshalb ist auch die Chemie nicht ohne Risiken – dies allerdings verantwortungsvoll kalkuliert und im Dienste der Menschheit.

Unsere Gesellschaft wird ständig vor neue Herausforderungen gestellt, die immer neue Lösungsansätze erfordern. In einem bewährten Zusammenspiel aus Forschung und Entwicklung arbeitet die Industrie deshalb laufend an Innovationen, um diesen Herausforderungen zu begegnen. Die Voraussetzung dafür ist ein Innovationen gegenüber aufgeschlossenes gesellschaftliches Umfeld. Und die entschlossene Unterstützung durch die Politik. Nur so lässt sich die Innovationskraft Deutschlands halten und steigern. Damit Deutschland auch künftig wettbewerbsfähig bleibt.

DANK

Ein Buch wie dieses kann nicht ohne die Mithilfe und Unterstützung vieler Menschen entstehen. Ihnen allen danke ich sehr. Insbesondere gilt mein Dank den Experten des Verbands der Chemischen Industrie sowie meinen Mitarbeitern bei Merck.

Darmstadt, im Februar 2014 *Karl-Ludwig Kley*

ABKÜRZUNGSVERZEICHNIS

AG	Aktiengesellschaft
BASF	Badische Anilin- & Soda-Fabrik (frühere Bezeichnung)
BAVC	Bundesarbeitgeberverband Chemie
BDI	Bundesverband der Deutschen Industrie
BIP	Bruttoinlandsprodukt
CO_2	Kohlenstoffdioxid
DHMO	Dihydrogenmonoxid (Wasser)
DNA	Desoxyribonukleinsäure
EEG	Gesetz für den Vorrang Erneuerbarer Energien (kurz: Erneuerbare-Energien-Gesetz)
EU	Europäische Union
FAO	Food and Agriculture Organisation of the United Nations (Welternährungs- und Landwirtschaftsorganisation der Vereinten Nationen)
HIV	Humanes Immundefizienz-Virus
H_2O	Dihydrogenmonoxid (Wasser)
IG BCE	Industriegewerkschaft Bergbau, Chemie, Energie
IT	Informationstechnik
IW	Institut der deutschen Wirtschaft Köln
LCD	Liquid Crystal Display (Flüssigkristall-bildschirm)
LED	Light Emitting Diode (Licht emittierende Diode)

Lkw	Lastkraftwagen
MINT	Akronym für die Fächer Mathematik, Informatik, Naturwissenschaften und Technik
NIMBY-Prinzip	»Not In My Backyard«-Prinzip (Sankt-Florians-Prinzip)
NSA	National Security Agency (Nationale Sicherheitsbehörde, USA)
OECD	Organisation for Economic Co-operation and Development (Organisation für wirtschaftliche Zusammenarbeit und Entwicklung)
OLED	Organic Light Emitting Diode (deutsch: Organische Leuchtdiode)
PC	Pesonal Computer
PET	Polyethylenterephthalat (ein thermoplastischer Kunststoff)
Pkw	Personenkraftwagen
PVC	Polyvinylchlorid
RC	Responsible Care: weltweite Initiative der chemischen Industrie, unabhängig von gesetzlichen Vorgaben, nach einer ständigen Verbesserung der Unternehmen in den Bereichen Umwelt, Sicherheit und Gesundheit zu streben
REACH	EU-Verordnung (EG) Nr. 1907/2006 (auch: REACH-Verordnung); REACH steht für Registration, Evaluation, Authorisation and Restriction of Chemicals (Registrierung, Bewertung, Zulassung und Beschränkung chemischer Stoffe)
TTIP	Transatlantic Trade and Investment Partnership (transatlantisches Freihandelsabkommen)